형통

형통

지은이 | 이기용
초판 발행 | 2026. 4. 8
등록번호 | 제1988-000080호
등록된 곳 | 서울특별시 용산구 서빙고로65길 38 두란노빌딩
발행처 | 사단법인 두란노서원
영업부 | 02)2078-3333 FAX | 080-749-3705
출판부 | 02)2078-3331

책값은 뒤표지에 있습니다.
ISBN 978-89-531-5293-9 03230

독자의 의견을 기다립니다.
tpress@duranno.com www.duranno.com

두란노서원은 바울 사도가 3차 전도여행 때 에베소에서 성령 받은 제자들을 따로 세워 하나님의 말씀으로 양육하던 장소입니다. 사도행전 19장 8-20절의 정신에 따라 첫째 목회자를 돕는 사역과 평신도를 훈련시키는 사역, 둘째 세계선교(TIM)와 문서선교(단행본·잡지) 사역, 셋째 예수문화 및 경배와 찬양 사역, 그리고 가정·상담 사역 등을 감당하고 있습니다. 1980년 12월 22일에 창립된 두란노서원은 주님 오실 때까지 이 사역들을 계속할 것입니다.

형통

———————————

이기용

두란노

《형통》은 저자의 깊은 신앙고백입니다. 광야 같은 치열한 삶의 현장에서 무릎으로 길어 올린 생수입니다. 세상은 쉽고 편한 길을 형통이라 말합니다. 하지만 이 책은 철저한 순종과 십자가를 지는 희생이 성경적 형통임을 증명합니다. 이 책은 막힌 길을 뚫고, 길이 없는 곳에 길을 내는 하나님의 위대한 원리를 담고 있습니다.

이 책은 단순한 가르침이 아닙니다. 저자가 살아 낸 이야기입니다. 그래서 더 아프고, 더 진실하며, 더 깊이 다가옵니다. 페이지마다 저자의 기도와 눈물이 스며 있는 것을 느끼게 됩니다. 이 책은 광야 같은 인생에서 방향을 제시합니다. 두려움 속에서도 길을 보게 합니다. 고난과 기다림 속에서 기도의 능력을 경험하게 합니다. 우리의 얄팍한 지혜를 내려놓고 성령의 충만한 삶으로 살아가도록 이끌어 줍니다. 이 책은 이 땅의 일시적인 성공이 아니라, 영원한 하나님 나라를 향한 참된 형통을 소망하게 합니다.

이 책을 사방이 막혀 있는 분들에게 추천합니다. 하나님의 타이밍을 기다리는 분들에게 추천합니다. 고난을 낭비하지 않고 은혜로 빚기 원하는 분들에게 추천합니다. 그리고 하나님 안에서 참된 형통의 삶을 살기 원하는 모든 분에게 이 책을 진심으로 추천합니다.

강준민 목사_LA 새생명비전교회 담임

성경이 말하는 '형통'은 성공의 다른 이름이 아니라, 하나님 뜻 안에서 살아가는 삶의 방향입니다. 이 책은 진정한 형통의 의미를 전함으로써 우리 삶의 기준을 다시 세웁니다. 또 광야 같은 일상에서 흔들리지 않도록 마음의 중심을 붙들게 하고, 걸음을 다시 정돈하게 합니다. 진정으로 형통한 삶을 살아가길 원하는 그리스도인들에게 이 책을 추천합니다.

김병삼 목사_만나교회 담임

이 책은 형통을 개인의 만족이나 성취의 차원이 아니라, 하나님 나라의 관점에서 다시 바라보게 합니다. 저자는 순종과 헌신의 삶을 통해 드러나는 참된 형통을 힘 있게 전하며, 독자들에게 분명한 믿음의 결단을 요청합니다. 특히 삶의 방향을 하나님께 두고 살아가는 것이 얼마나 중요한지를 강조하며, 그 여정 속에서 경험하는 하나님의 역사를 생생하게 풀어냅니다. 이 메시지는 다음 세대를 포함한 많은 그리스도인에게 도전과 영적 각성을 일으키며, 하나님이 기뻐하시는 삶으로 나아가도록 이끌 것입니다.

박성민 목사_한국 CCC 대표

오늘날 우리는 '형통'을 성공이나 평탄함으로 쉽게 이해하곤 합니다. 그러나 이 책은 하나님과 관계 안에서 살아가는 삶이야말로 참된 형통임을 성경적으로 풀어냅니다. 한국 교회에서 존경받는 영적지도자며 저자이신 이기용 목사님은 성경의 진리를 따라 살아갈 때 참된 형통이 어떻게 이루어지는지를 실제적인 삶과 설교를 통해 설득력 있게 전하며 우리 삶이 하나님의 은혜와 주권 아래에 있음을 자연스럽게 깨닫게 합니다. 이러한 메시지는 불확실한 시대를 살아가는 성도들에게 하나님의 뜻을 따라 걷는 길이 곧 형통임을 확신하게 하는 귀한 안내서가 될 것입니다. 이 책을 통해 많은 이가 삶의 자리에서 하나님의 인도하심을 신뢰하며 참된 형통을 경험하게 되기를 바랍니다.

이영훈 목사_여의도순복음교회 담임

평소 저자 목사님과 교제하며, 저는 그의 삶 자체가 하나님이 허락하신 '참된 형통'의 살아 있는 증거임을 볼 수 있었습니다. 그는 이 책에서 "형통"이라는 주제를 추상적인 개념이나 세상의 성공 방식대로 설명하지 않습니다. 오히려 삶의 구체적인 현장 속에서 '방향과 순종'이라는 본질에 집중하도록 도우며 우리의 신앙과 일상의 균형을 다시 온전하게 세워 주고 있습니다. 치우침 없는 건강한 시각으로 써 내려간 메시지는 말씀 앞에서 스스로의 삶을 차분히 돌아보게 하는 힘이 있습니다. 언제나 사랑과 열정으로 하나님 나라를 일구어 가는 저자의 진솔한 메시지가 진정한 형통의 삶을 향해 나아가는 우리에게 따뜻한 응원과 거룩한 울림이 될 것이라 확신합니다.

이인호 목사_더사랑의교회 담임

이 책은 '형통'에 대한 익숙한 이해를 성경적으로 다시 바로 세우도록 돕습니다. 저자는 형통을 단순한 성공이나 환경의 문제가 아니라, 하나님의 뜻과 방향을 따라 살아가는 삶으로 분명하게 제시합니다. 쉽고 편한 길이 아니라 하나님이 기뻐하시는 길이 참된 형통임을 성경의 다양한 사례를 통해 설득력 있게 풀어냅니다. 이 책은 오늘을 살아가는 그리스도인들에게 삶의 방향을 점검하게 하는 분명한 기준이 될 것입니다.

이재훈 목사_온누리교회 위임

우리는 흔히 형통을 '고난 없는 결과'로 오해하곤 합니다. 하지만 이 책은 형통의 본질이 결과가 아닌, 하나님과 함께 걷는 '바른 방향'에 있음을 일깨워 줍니다. 저자의 뜨거운 영성이 담긴 이 메시지는, 쉽고 편한 길이 아닌 하나님이 기뻐하시는 길을 선택할 수 있는 용기를 줍니다. 광야 같은 현실 속에서도 하나님 한 분만으로 충분한 '진짜 형통'을 누리고 싶은 모든 분에게 이 책은 최고의 선물이 될 것입니다.

최병락 목사_강남중앙침례교회 담임

✴ *Contents*

추천의 글 ・ 4

머리말 ・ 10

Part 1 꽃길과 높은 산의 갈림길 앞에서

Chapter 1. 형통은 방향이다 ・ 18

Chapter 2. 형통은 지혜다 ・ 28

Chapter 3. 형통은 타이밍이다 ・ 38

Part 2 사방이 꽉 막혀 희망이 안 보여도

Chapter 4. 형통은 순종이다 ・ 50

Chapter 5. 형통은 은혜다 ・ 60

Chapter 6. 형통은 섬김이다 ・ 71

Chapter 7. 형통은 기도다 ・ 83

Part 3   삶의 방향과 목적을 잃었을 때

Chapter 8. 형통은 기다림이다 · 96

Chapter 9. 형통은 희생이다 · 108

Chapter 10. 형통은 사명이다 · 116

Part 4   내일을 바라볼 힘조차 잃었더라도

Chapter 11. 형통은 바라봄이다 · 128

Chapter 12. 형통은 비전이다 · 138

Chapter 13. 형통은 성령이다 · 149

Part 5   마침내 얻게 될 형통의 복이 있기에

Chapter 14. 형통은 하나님 나라다 · 160

Chapter 15. 형통은 거룩한 부담이다 · 170

Chapter 16. 형통은 전쟁이다 · 180

사람은 자신이 처한 환경 속에서 수많은 도전과 다양한 현실적 경험을 통해 삶의 목표와 철학을 형성한다.

나는 세 살 때 의사였던 아버지를 여의고, 어머니의 재가로 인해 조부모님 슬하라는 특수한 환경에서 성장했다. 어린 시절, 아장거리는 걸음으로 동네 골목길을 걸어가면, 멍석을 깔고 벼나 콩을 말리시던 동네 아주머니들을 만나곤 했다. 그들은 어린 나를 보며 이런 말들을 주고받았다.

"기용이 불쌍해서 어떡하나. 제 부모가 있었으면 얼마나 좋았을까?"

아주머니들은 나지막한 자신들의 대화 소리가 길을 지나가는 어린아이에게 잘 들리지 않을 거라고 생각했을 것이다. 그러나 어릴수록 청각이 예민해서인지, 아련한 유년 시절임에도 나는 그 대화 내용을 아직도 또렷이 기억하고 있다. 물론 그리 유쾌한 기억은 아니다. 그러나 그 말들이 어쩌면 내 인생의 방향을 정하며 삶의 목표를 세우고 형성하는 데 매우 중요한 역할을 했을지도 모른다.

나는 초등학교 저학년 때 한 교회학교 선생님의 손에 이끌려 신앙생활을 시작했다. 동네 아주머니들에게 연민의 대상이던 나는 그때부터 하나님의 은혜로 보란 듯이 잘된 사람이 되고 싶었다. 혀를 차며 나를 측은히 바라보던 마을 아주머니들 앞에 하나님의 축복을 받은 형통의 모델이자 간증의 주인공이 되어 나타나고 싶었다. "그 불쌍했던 어린 기용이가 교회에 다니더니 저렇게 잘되었네!"라고 놀라는 소리를 그들의 입을 통해서 듣고 싶었던 것이다.

그래서 내게 유독 이 '형통'이라는 낱말이 어린 시절부터 의식과 무의식 속에 중요한 영역으로 자리 잡은 듯하다. 세월

이 지나고 성장해 가면서 '형통한 삶'이라는 것이 현실에서 단순하게 잘되고 마냥 번성하는 것만은 아니라는 철학적 깨달음으로 이어졌다.

형통을 영어로 단순하게 표현하면 'Going well'이라고 할 수 있는데, 이를 직역하면 '잘 가고 있는 삶'이다. 성경(개역개정판)에는 형통이라는 단어가 68회나 직접적으로 언급되고 있다. 이를 통해 하나님은 우리 각자의 형통한 삶에 깊은 관심을 갖고 계시다고 나는 확신한다.

그동안의 삶 가운데 '나는 과연 잘 가고 있는가?' '나는 형통한 삶을 살고 있는가?'라고 나 자신을 향해 질문해 보곤 했다. 이 질문은 나로 하여금 하나님 앞에서 '성경적 형통'이 무엇인지에 관하여 깊이 숙고하는 시간을 갖게 했다.

모든 사람은 형통한 삶을 살기를 소망한다. 그렇지만 형통함의 올바른 개념을 인식하지 못한다. 그래서 자신의 삶을 향한 깊은 좌절과 패배의식에 젖어 있기도 하고, 단순히 잘되는 것이 형통이라는 생각으로 인해 타인과 비교하면서 우월 의식이라는 교만의 늪에 빠져드는 사람도 많다.

하지만 성경은 형통을 그리 단순하게 정의하지 않는다. 삶자체가 그리 단순하지 않으며, 거의 모든 사람이 공감하는 것처럼 삶이란 자신의 계획대로만 되지 않기 때문이다. 그래서 많은 사람이 희로애락의 상황 속에서 깊은 좌절과 혼돈을 겪기도 한다.

형통의 개념을 성숙하게 정립하는 것은 매우 중요하다. 이는 삶 속에서 시행착오를 막는 것을 넘어, 우리 삶의 다양한 여정 가운데 맞닥뜨리는 불편한 현실을 다르른 시각으로 볼수 있도록 돕는다. 인생이라는 긴 시간적 관점에서 바라볼 때 자신의 삶이 바로 형통한 삶이라는 깨달음을 얻도록 도와주기 때문이다.

이 책은 형통을 주제로 열여섯 차례 설교한 내용을 다듬고 압축해서 엮은 것이다. '형통' 시리즈로 설교했던 기간 동안 교회 공동체에 속한 많은 성도가 큰 은혜와 치유와 회복과 같은 놀라운 축복을 경험했다.

마찬가지로 이 책을 읽는 독자들에게 형통에 관한 열여섯 가지 관점의 정립은 각자의 삶을 역동성의 세계로 인도하도록 도와줄 것이다. 또한, 삶의 다양한 상황 속에서도 끊임없이 능동적인 자세로 형통의 길을 찾게 해줄 것이다. 그리고 결국 형통의 완성인 하나님 나라까지 이르게 하는 최후 승리의 삶을 도와줄 것이다. 특히 형통에 관한 통전적(統全的) 시야를 갖기를 원하는 분들에게 이 책을 권하고 싶다.

부족한 책에 정성 어린 추천사를 보내 주신 목사님들께 존경의 마음을 담아 깊은 감사의 인사를 드린다. 또한 이 책이 나오기까지 수고하고 헌신해 준 신길교회 문서선교위원회의 교정 팀과 허완 장로님에게 각별히 감사의 마음을 표한다. 늘 나를 지지하고 응원하며 기도해 준 가족과 교우들에게도 사랑을 담아 고마운 마음을 전한다. 아울러, 부족한 글을 편집과 디자인으로 섬기며 수고해 준 두란노에도 감사의 인사를 드린다.

2026년 4월
이기용 목사

Part 1.

꽃길과 높은 산의
갈림길 앞에서

Chapter 1

형통은 방향이다

사람은 본능적으로 편하고 쉬운 길을 선호한다. 그래서 형통함에 대해 오해하기 쉽다. 쉽고 편한 상황을 형통하다고 여기는 것이다. 예수님을 향한 사탄의 유혹도 편하고 쉬운 길에 관한 것이었다.

쉽고 편한 길이 과연 축복인가

성육신하신 예수님이 40일 동안 금식하며 기도하실 때 사탄은 인간의 육신을 입고 오신 예수님에게 네가 만일 하나님의 아들이면 명령하여 이 돌들이 떡덩이가 되게 하라고 유혹하였다(마 4:3). 하나님의 아들이시며 만물을 주관하시는 예수님에게 돌을 떡으로 만드는 것은 너무나 쉬운 일이다. 그러나 예수님은 "사람이 떡으로만 살 것이 아니요 하나님의 입으로부터 나오는 모든 말씀으로 살 것이라"(마 4:4)라는 하나님의 말씀으로 마귀의 유혹을 단호히 물리치셨다.

죄가 없으신 예수님은 온 인류의 죄를 대속하기 위해 십자가에 달리셨다. 그때 사람들은 예수님을 향해 조롱하며 "네가 만일 하나님의 아들이어든 자기를 구원하고 십자가에서 내려오라"(마 27:40)라고 외쳤다. 만일 예수님이 사람들의 요구대로 십자가에서 내려오셨다면 인류를 위한 구원의 문은 닫히고 말았을 것이다. 하나님의 뜻은 예수님의 십자가 고난을 통해 인류의 죄 문제를 해결하는 것이었다.

이처럼 사탄이 제시하는 유혹은 매우 쉬운 일, 즉 사역을 그만두는 일이다. 그러나 예수님은 편하고 쉬운 길을 택하지 않으셨다. 오히려 십자가 고난의 길을 택하셨다. 그 길이 곧 하나님의 뜻이요, 온 인류를 구원하는 영광의 길이라는 사실을 아셨기 때문이다.

예수님은 죽기까지 하나님의 뜻에 순종하셨기에 모든 이름 위에 뛰어난 이름을 얻으셨다. 모든 무릎이 예수님 앞에 꿇어 경배하고, 모든 입이 예수 그리스도께서 만물의 주이심을 고백하게 되었다(빌 2:8-11). 이러한 영광은 예수님이 쉬운 길이 아닌 순종과 희생의 길을 걸으신 결과다.

나는 교육전도사로 사역하던 신학생 시절, 6일 동안 굶었던 경험이 있다. 금식 기도는 여러 번 해 봤지만, 그때는 상황이 달랐다. 당시 사역하던 교회에서 사례비 지급이 늦어지면서 불가피하게 굶게 된 것이었다. 사실 내 책상 서랍에는 십일조를 하려고 넣어 둔 돈이 들어 있었다. 잠시 그 돈을 사용한 뒤 나중에 사례비를 받아 다시 채워 넣을 수도 있었지만, 나는 하나님께 드리기 위해 이미 구별해 놓은 십일조에 손을 대기 싫었다. 그 후로 하나님은 나를 한 번도 굶기지 않으셨다. 이 경험은 나에게 형통의 삶은 쉽고 편한 길을 선택하는 것이 아니라 하나님이 기뻐하시는 삶에 있다는 사실을 깨닫게 했다.

형통의 길은 하나님의 뜻을 따르는 길

요나서를 보면 하나님은 선지자 요나에게 니느웨로 가서 그들의 죄악을 알리고 회개를 촉구하라는 사명을 주신다. 만약 회개하지 않으면, 그들을 불로 심판하겠다는 하나님의 메시지를 외치라는 것이었다. 그러나 이 미션은 요나의 마음을 무겁게 했다. 요나는 본능적으로 평화를 추구하는 성향을 가지고 있었기에 니느웨로 가라는 명령을 받아들이기 어려웠을 것이다.

요나는 하나님의 명령과는 정반대 방향으로 도망쳤다. 3,520킬로미터나 떨어진 다시스로 가는 배를 탄 것이다. 이는 하나님의 사명에 대한 완강한 거부와 불순종의 표현이었다. 그는 왜 니느웨로 가기를 거부했던 걸까.

첫째, 니느웨 사람들의 호전성에 대한 요나의 반감 때문이었다. 요나가 니느웨로 가기를 거부한 선택은 당시의 정황과 요나의 감정을 고려할 때 어찌 보면 합리적이었다. 역사적으로 볼 때 이스라엘에게 니느웨를 수도로 한 앗수르는 공포와 두려움의 대상이었다. 요나는 니느웨 사람들이 회개하여 하나님의 은혜를 입게 해야 한다는 상황을 받아들이기 어려웠다. 그래서 요나는 니느웨로 가라는 하나님의 명령을 거부했다. 니느웨 사람들에 대한 두려움과 미움, 그리고 그들이 회개의 메시지를 듣고도 변하지 않을 것이라는 회의감이 공존한 상태에서의 거부였다.

둘째, 회개의 메시지를 전해야 한다는 부담감과 두려움 때문이었다. 하나님이 니느웨 사람들에게 전하라고 하신 메시지는 회개에 관한 것이었다. 사람들은 일반적으로 자신이 듣고 싶은 것만을 들으려는 경향이 있다. 위로와 소망, 축복의 약속, 번성 등 긍정적이고 듣기에 좋은 내용만을 기대한다. 그러나 하나님이 요나에게 맡기신 메시지는 니느웨 사람들의 악행을 알리고 회개를 촉구하는 것이었다. 그렇기에 요나로서는 하나님의 명령이 이해하기 어려웠을 것이다.

거기다 니느웨로 가는 일은 고생스럽고, 심지어 자신의 생명이 위태로울 수 있었다. 요나는 고정관념에 갇혀 하나님의 말씀을 자신의 계산과 논리로 판단하였다. 결국 니느웨 사람들에게 복음 전하기를 거부하고 정반대 방향인 다시스로 도망하기로 결정했던 것이다. 요나는 하나님의 생각과 인간의 생각이 다르다는 사실을 깨닫지 못했다.

셋째, 당시 요나는 혈혈단신의 상황이었다. 인구가 약 60만 명에 달하는 고대의 큰 성읍에 가서 그들에게 회개하라고 홀로 외치는 것이 무슨 소용이 있을까 하는 마음이 들었을지도 모른다. 그러나 하나님의 관심은 니느웨 사람들의 회개에 있었다. 요나가 추구해야 할 것은 숫자와 외형적인 성공이 아니라, 하나님의 방향성이었다. 우리의 삶이 형통하기를 바란다면 하나님의 방향성을 따르기 위해 몸부림치는 삶을 살아야 한다.

하나님은 나에게 자꾸만 낮은 곳과 소외된 이웃들을 향해 관심을 두라는 감동을 주시기 때문에 이에 순종하려고 한다. 하나님의 사역은 끝이 없기에, 나의 가정과 내가 속한 교회 공동체도 낮고 소외된 곳으로 끊임없이 사랑을 흘려보내려고 하고 있다. 우리가 하나님의 방향성을 따라 살아가면 물질의 복도 더 풍성히 누리게 되리라 확신한다. 지금보다 30배, 60배, 100배의 더 많은 복을 받아 누리며, 이것이 간증이 되어 수많은 영혼을 구원하게 될 줄로 믿는다. 이 원리를 깨달아 많은 이가 하나님의 뜻을 온전히 따르며 형통의 복을 누리는 삶을 살기를 축복한다.

내가 지방의 목회지에 있을 때 만난 한 권사님 이야기다. 그분은 아이 돌보는 일을 했는데, 한번은 사내아이와 그 아래로 쌍둥이 딸을 둔 젊은 부부의 집에서 아이들을 돌보게 되었다. 권사님은 새댁 혼자 세 명의 아이를 돌보는 모습이 기특하면서도 안쓰러워 선교하는 마음으로, 손주들을 돌보듯이 정성을 다해 일을 도왔다. 권사님의 섬김과 헌신에 마음이 열리기 시작한 부부는 권사님을 따라 교회에 가고 싶은 마음이 들었지만, 셋이나 되는 아이들을 데리고 교회에 나가는 일에는 큰 용기가 필요했다. 그때 권사님은 그 부부에게 자신이 아이들을 돌볼 테니 교회에 가서 예배를 드리라고 권면했다.

그렇게 권사님의 도움으로 주일예배를 드리던 부부는 점차 수요예배와 금요예배까지 드리게 되었다.

몇 달 후, 나는 그 부부의 가정을 심방하게 되었다. 심방을 준비하며 기도하는 중에 "하나님이 그 성중에 계시매 성이 흔들리지 아니할 것이라 새벽에 하나님이 도우시리로다"(시 46:5)라는 말씀을 전하라는 감동을 주셨다. 그 부부에게 새벽기도를 권면하라는 것이었다. 하지만 자녀가 셋이나 되는 그들에게 새벽을 깨우라는 말씀을 전하면 시험에 들지는 않을지 마음에 부담이 되었다. 그러나 하나님이 계속 동일한 말씀으로 감동을 주셔서 결국 나는 순종하는 마음으로 이 말씀을 함께 읽자고 권했다. 그들은 성경에서 '시편'을 찾는 것도 어려워하는 초신자였다. 내가 직접 성경 구절을 찾아 펼쳐 주어야 할 정도였다. 그런데 말씀을 함께 읽던 중 쌍둥이의 엄마가 미소를 짓는 모습을 보았다. 나는 그 까닭을 물었다. 알고 보니 심방 전에 '담임목사님이 새벽기도를 하라고 말씀하시면 어쩌지?'라고 걱정했는데 내가 실제로 새벽기도를 권면하자 저절로 웃음이 났다고 했다.

나는 이 말씀이 내가 선택한 것이 아니라 하나님이 주신 말씀임을 그분들에게 전하며, 새벽을 깨우면 하나님이 도우신다는 약속을 전했다. 이후 부부는 매일 새벽을 깨우며 기도에

힘썼다. 그 후 세례를 받더니 어느새 집사 직분에 이어 장로 직분까지 받게 되었다.

잘못된 방향으로 갈 때 만난 폭풍

요나가 하나님의 명령을 피해 선택한 다시스행은 단순한 도피가 아니라, 그의 마음속 깊은 분노와 반항이 담긴 결정이었다. 800킬로미터 거리의 니느웨를 뒤로하고 3,520킬로미터나 떨어진 다시스로 향하는 것은 하나님으로부터 최대한 멀리 숨고자 했던 요나의 감정을 보여 준다.

요나가 욥바 항구로 갔을 때, 마침 다시스로 향하는 배를 만났다(욘 1:3). 이처럼 방향이 틀렸어도 일이 순조롭게 풀리는 것처럼 느껴질 수 있다. 그러나 이것은 잘 풀리는 일이 아니라 유혹의 길이다. 요나는 결국 폭풍을 만나고, 큰 물고기의 뱃속에 갇히는 결과를 맞이한다. 방향이 틀리면 인생은 결국 내려가는 길로 이어지게 된다.

성경은 다시스로 가는 여정을 '내려갔다'라고 묘사한다(욘 1:3). '높은 곳에서 낮은 곳으로 내려가는 상태'를 의미하는 히브리어 '야라드'라는 단어는 요나서 서두에 반복적으로 사용

되는데, 요나의 잘못된 방향성을 상징적으로 드러낸다. 욥바에서 배로, 배에서 배 밑바닥으로, 배 밑바닥에서 결국 바닷속으로 내려가는 요나의 모습은 방향이 틀린 인생은 끊임없이 내려가게 됨을 잘 보여 준다.

인생의 상승곡선을 타려면

그러나 풍랑 속에서 요나는 자신의 선택이 잘못되었음을 깨달았고, 하나님의 예비하심 안에서 다시 기회를 얻는다. 하나님은 큰 물고기를 예비하셔서 요나를 보호하셨다. 요나는 물고기 뱃속에서 3일 밤낮으로 회개 기도를 하며 하나님의 뜻을 다시 붙들었다(욘 1:17). 결국 요나는 니느웨로 가라는 하나님의 명령을 따르게 되었고, 그곳에서 놀라운 회개와 회심의 역사가 일어났다. 이는 하나님의 광대심과 위대하심을 보여 준다.

인생의 방향은 하나님의 뜻에 따른 것이어야 한다. 요나는 풍랑과 큰 물고기를 통해 하나님의 방향성을 되찾았다. 우리의 인생도 하나님의 뜻을 따를 때에 형통의 길로 나아갈 수 있다. 형통은 하나님의 길을 따라가는 삶의 방향이다. 형통은 환경의 평탄함이나 풍요와 같은 외적인 요소에 있지 않다. 하나님의 방향성을 따라가는 삶이 진정으로 형통한 삶이다.

하나님의 생각과 인간의 생각은 같지 않다. 때때로 인간은 자신이 회심하고 부르심 받아 쓰임 받은 일들이 전적인 은혜임을 알지 못하고 극단적 선민의식에 빠지는 우를 범하기도 한다. 하지만 하나님의 계획은 이스라엘만을 위한 것이 아니라, 만민을 구원하시려는 사랑의 계획이었다. 하나님의 방향은 죄인 구원에 있다. 요나가 니느웨로 갔을 때, 그의 염려와는 달리 니느웨 사람들은 하나님 앞에 엎드려 회개하였다. 하나님의 관심은 한 영혼이라도 더 구원하시려는 사랑에 있다.

추구하는 삶의 방향이 올바르면 하나님의 때에 축복은 저절로 따라온다. 반면, 방향이 그르면 요나가 다시스로 내려가듯 내려가는 인생이 된다. 룻기 1장에서 나오미가 물질과 환경을 따라 모압 땅으로 갔던 선택도 결국 내려가는 인생의 길이었음을 보여 준다. 그러나 하나님의 방향성을 따르는 삶은 올라가는 삶이다. 상승 곡선을 타고 승승장구하는 삶이다. 하나님이 이끄시는 올바른 방향을 따라가다 보면 하나님의 역사를 통한 진정한 형통을 경험하게 될 것이다.

Chapter 2

형통은 지혜다

형통이란, 일반적으로 일이 막힘없이 순조롭게 이루어지는 상태를 말한다. 그러나 성경에서 말하는 형통은 단순히 인간적인 성공이나 물질적 풍요를 넘어 하나님의 뜻과 섭리 안에서 이루어지는 온전한 축복을 뜻한다. 형통에 관한 하나님의 약속은 불확실한 미래를 두려워하며 살아가는 이들에게 큰 희망과 위로가 된다.

불확실한 미래에 대한 두려움 앞에서

이스라엘 백성은 430년 동안 애굽에서 노예로 살던 처지에서 벗어나 출애굽 여정을 시작한다. 하나님의 약속에 따라 젖과 꿀이 흐르는 가나안 땅을 향해 가기로 한 것이다. 그러나 그들의 길은 순탄치 않았다. 40년 동안 광야에서 생활하던 1세대 백성들은 하나님의 은혜를 잊고 원망과 불평으로 시간을 보냈다. 결국 그들은 약속의 땅에 들어가지 못했다. 심지어 그들의 지도자였던 모세조차도 혈기를 부려 하나님의 영광을 가린 사건으로 가나안 땅을 밟지 못했다.

모세의 죽음 이후 하나님은 여호수아를 새로운 지도자로 세우시고, 출애굽 2세대에게 형통함을 약속하셨다. 지금까지 이스라엘 백성은 430년 동안이나 그 어떤 땅도 소유하지 못한 채 애굽에서 억압받으며 살았다. 그렇기에 가나안 땅을 기업으로 주시겠다는 하나님의 약속은 그들에게 엄청난 기쁨과 희망이었을 것이다. 그렇지만 오랫동안 종살이의 타성에 젖어 있던 그들은 새로운 도전과 모험의 길 앞에서 엄습해 오는 불안감을 떨치지 못했다. 가나안 입성을 앞두고 그들을 불안하게 하는 몇 가지 어려움이 있었다.

첫째, 모세의 후계자인 여호수아는 경험이 부족했다. 공동체나 그룹의 리더가 되기 위해서는 풍부한 경륜과 식견이 있어야 한다. 그런데 여호수아는 전쟁 경험이 거의 없었고, 약 200만 명이나 되는 사람을 통솔해 본 경험이 없었다. 200만은 어마어마한 숫자다. 더군다나 이스라엘 백성은 대단한 지도자 모세가 영도할 때도 불평과 불만과 원망을 밥 먹듯 해 왔다. 그런 상황에서 여호수아에게는 모세의 능력을 드러내 주는 상징물인 지팡이 같은 것도 없었고, 아론이나 훌과 같은 충직한 조력자도 없었다.

둘째, 당시 이스라엘 백성은 광야에서 태어난 2세대였다. 하나님은 불평하고 원망만 하던 1세대 이스라엘 백성들의 인생을 광야에서 거두셨다. 모세도 예외가 아니었다. 이를 통해 알 수 있듯, 원망과 불평은 백해무익하다. 문제는 2세대 또한 불평과 원망의 아이콘이던 1세대와 다르지 않을 가능성이 높다는 데 있었다. 부전자전이라는 말이 있지 않은가. 실제로 열하룻길이면 도달할 수 있는 가나안 땅까지의 여정이 이스라엘 백성들의 불평과 원망 때문에 40년으로 연장됐다. 이러한 부모의 모습을 지켜보며 성장한 자녀들이 과연 여호수아의 리더십에 온전히 순종했겠는가.

셋째, 지형적·시기적 어려움이 있었고, 그에 따르는 준비도 미흡했다. 팔레스타인은 아열대 지역이면서 지중해성 기후를 띠므로 태양력으로 3, 4월에 보리 추수를 한다. 이때는 요단의 주요 세 지류로부터 물이 흘러들어오는 데다가 레바논 산지의 눈까지 녹아 강물이 불어나는 시기이다(수 3:15). 기후적인 환경이 가장 어려울 때에 가뜩이나 불평 많은 이스라엘 백성을 이끌고 요단강을 건너는 것은 매우 위험한 일이었다. 또한 그 많은 백성이 강을 건널 때 필요한 운송 수단조차도 전혀 준비되지 않은 상황이었다. 아이들까지 합치면 도합 200만 명이 넘는 사람이 한꺼번에 요단강을 건너는 것은 불가능에 가까운 일이었다.

넷째, 가나안과 이스라엘은 백성들의 체격이나 무기 체계 면에서도 수준 차이가 컸다. 운동선수들은 체급 차이가 5킬로그램만 되어도 대등한 경기 운영이 쉽지 않다고 한다. 가나안 사람들은 체격 면에서 이스라엘 사람들보다 월등히 우세했다. 전쟁 상황에서 이스라엘 사람들의 작은 체격은 큰 약점으로 작용했을 것이다(민 13:33). 더욱이 가나안 사람들은 무기와 기술 면에서도 앞서 있었다. 여호수아 시대는 청동기 시대인 기원전 1,400년경인데, 가나안 사람들은 이미 철기 문명을 일반화하며 기술적으로 훨씬 앞서 있었다(수 17:16, 18). 무기 체계와 기술적 격차는 전쟁에서의 승리와 생존을 결정짓는 중대한 요소였다. 이러한 현실에서 이스라엘 백성이 가나안 정복 전쟁을 치렀다는 것은 인간의 능력으로는 감히 도전하기 어려운 과업이었다.

전쟁은 단순한 승패를 넘어 생존과 멸망을 가르는, 극도의 긴장감이 흐르는 상황이다. 이기면 적국의 땅을 소유할 수 있지만, 패배하면 모든 것을 잃게 되는 위험을 안고 있다. 누구도 전쟁에서 승리할 것이라고 쉽게 장담할 수 없다. 이러한 현실은 이스라엘 백성에게 불안과 두려움을 가져다주기에 충분했다.

그런 상황 속에서 하나님은 이스라엘 백성에게 형통의 길을 약속하신다. 여호수아에게 주신 하나님의 약속은 단순히 희망만 주는 메시지가 아니라 그들의 현실 속에서 분명한 방향과 확신을 제시하는 말씀이다.

> 오직 강하고 극히 담대하여 나의 종 모세가 네게 명령한 그 율법을 다 지켜 행하고 우로나 좌로나 치우치지 말라 그리하면 어디로 가든지 형통하리니 이 율법책을 네 입에서 떠나지 말게 하며 주야로 그것을 묵상하여 그 안에 기록된 대로 다 지켜 행하라 그리하면 네 길이 평탄하게 될 것이며 네가 형통하리라 수 1:7-8

하나님이 이스라엘 백성에게 세 가지 형통의 비결을 말씀하신다. 이것은 단지 전쟁의 승리뿐만 아니라 인간의 삶 전체를 형통하게 하는 열쇠이고 비결이다.

형통을 누리는 비결 세 가지

여호수아 1장 7-8절에서 하나님이 말씀하신 형통의 비결 세 가지를 좀 더 자세하게 알아보자. 우리가 이 땅에서 하나님이 주시는 형통을 누리며 살려면 어떻게 해야 하는가.

첫째, 마음을 무장해야 한다. 여호수아 1장에서는 '강하고 담대하라'라는 명령을 네 번이나 반복한다(6, 7, 9, 18절). 먼저 '강하게 하라'라는 말씀은 우리의 마음이 느슨해지거나 무기력해지지 않도록 끊임없이 말씀으로 채우고 방심하지 말라는 강력한 명령이다. 또한 '담대히 하라'라는 말씀은 우리의 마음을 철저히 방어하여 적의 공격이 틈타지 못하도록, 불안과 두려움이 침투하지 못하도록 굳건히 지키라는 의미를 담고 있다. 굳게 닫힌 여리고성(수 6:1)은 천혜의 요새였다. 그러나 결국 하나님의 말씀대로 행동한 이스라엘 백성의 믿음과 순종 앞에 그 거대한 성벽이 무너졌다. 이는 단순히 외적으로 강한 요새가 아닌, 하나님의 말씀으로 무장된 내면의 견고함이야말로 형통하게 되는 참된 비결임을 보여 준다.

둘째, 말씀을 기준으로 삼아야 한다. 하나님은 전쟁을 앞둔 여호수아와 그의 세대에게 승리의 비결이 말씀(율법)에 있음을 분명히 강조하신다. 이 지점에서 무기를 갖추고 전략을 수

립해야 하는 전쟁과 하나님의 말씀이 어떻게 연관될 수 있는지에 대한 의문이 생길 수 있다. 그러나 여호수아서 본문은 전쟁의 승리가 무엇보다 하나님의 말씀을 따르는 삶에 달려 있음을 명확히 드러낸다. 말씀에서 벗어나는 삶은 결국 죄로 인해 혼란과 실패를 초래할 뿐이다. 그러나 하나님의 말씀을 삶의 기준으로 삼는 자들에게는 하나님이 모든 상황 속에서 형통함을 약속하신다.

셋째, 지혜롭고 분별력 있게 행해야 한다. 여호수아 1장 7절에서 "형통하리니"에 해당하는 히브리어 '타스킬'은 '신중하다' '분별력이 있다'라는 뜻을 가진 말이다. 그러므로 형통한 삶이란 어려운 문제를 만났을 때 끊임없이 지혜롭게 행하며 대처해 나가는 삶이라 할 수 있다. 하나님을 경외하는 사람들에게 성경적 형통함이란 환경적인 변화와 개선의 약속이 아니다. 하나님이 여호수아에게 약속하신 형통은 바로, 여전히 전쟁을 치러야 하는 상황 중에서도 그 모든 상황을 풀어 갈 수 있도록 지혜를 공급해 주시겠다는 약속이다. 우리 인생도 전쟁과 같다. 여호수아와 이스라엘 백성들이 가나안 땅에 들어간 이후에도 전쟁은 계속되지만, 그들이 30년간 전쟁을 치르는 상황 중에도 능히 이길 수 있는 지혜가 위로부터 주어졌음을 기억해야 한다.

형통의 원동력, 지혜를 얻는 세 가지 통로

성경은 인생에 있어서 지혜의 중요성을 강조한다. 이것은 세상의 지혜와는 다른, 하나님으로부터 오는 지혜다. 하나님의 지혜를 소유한 사람은 존귀와 영광을 기업으로 받는다. 이는 세상적이고 일시적인 성공이 아닌, 영원한 가치와 장수를 누리는 삶을 의미한다. 반면, 지혜가 없는 인생은 축복을 감당하지 못하여 수치를 당하게 된다(잠 3:35).

지혜로운 사람은 인생의 오랜 시간 하나님이 주시는 존귀와 명예를 누리게 된다고 성경은 말씀하고 있다(잠 9:11). 또한 이러한 지혜는 우리 인생에서 한 번만 구하는 것이 아니라, 삶을 사는 동안 지속적으로 구해야 한다. 광야 같은 인생길에서 사막에 강물을 내시는 하나님의 지혜가 우리에게 반드시 필요하다. 이 지혜는 단순히 삶의 문제를 해결하는 도구에 그치지 않는다. 하나님과 동행할 때 지속적으로 삶을 형통함으로 이끄는 과정의 원동력이 되는 것이다. 그렇다면 이 지혜는 어떻게 얻을 수 있는가.

첫째, 하나님의 지혜는 말씀을 암송할 때 주어진다. "이 율법책을 네 입에서 떠나지 말게 하며…"(수 1:8)라는 말은 끊임없이 말씀을 외우라는 것이다. 마태복음 4장에서 마귀는 예수님을 세 번 시험한다. 돌을 떡덩이로 만들어 보라는 시험, 성전 꼭대기에서 뛰어내리라는 시험, 자신에게 엎드려 경배하면 세상의 모든 부귀와 영화를 주겠다는 유혹이 그것이었다. 이 세 번의 시험을 예수님은 모두 하나님의 말씀을 인용하여 물리치셨다(마 4:4). 예수님은 하나님의 말씀만이 인간의 참된 생명과 형통의 근원이 됨을 강조하셨다. 여호수아와 이스라엘 백성에게도 동일한 원리가 적용된다. 하나님의 말씀에서 우로나 좌로나 치우치지 않는 것은 형통한 삶의 기본 조건이다.

에베소서 6장에서는 악한 영들을 상대하기 위해 전신갑주를 취할 것을 말씀하면서, 하나님의 말씀을 사탄의 계략을 물리치는 성령의 검에 비유한다(17절). 오늘날 많은 그리스도인이 무너지는 이유는 사탄을 물리칠 유일한 무기인 하나님의 말씀을 멀리하고, 그 말씀을 삶 속에서 붙잡지 않기 때문이다. 말씀을 마음에 새기고 실천할 때 우리는 온갖 시험과 유혹 속에서도 형통한 삶으로 나아갈 수 있다.

둘째, 하나님의 지혜는 말씀을 묵상할 때 주어진다. 이는 실제 생활에서의 적용과 실천을 위해 율법을 깊이 연구하는 것을 말한다. 시편에서도 "오직 여호와의 율법을 즐거워하여 그의 율법을 주야로 묵상하는도다 그는 시냇가에 심은 나무가 철을 따라 열매를 맺으며 그 잎사귀가 마르지 아니함 같으니 그가 하는 모든 일이 다 형통하리로다"(시 1:2-3)라고 말씀하고 있다. 이스라엘 성지순례 중 통곡의 벽을 방문하면, 유대인들이 말씀을 소리 내어 묵상하고 기도하는 모습을 종종 볼 수 있다. 믿음으로 말씀을 읽고, 그 말씀을 고백하며 선포하고, 암송하며 삶 속에서 적용하는 것이 참된 묵상의 길이다. 이를 통해 우리는 하나님과 더 깊이 교제할 수 있다.

셋째, 하나님의 지혜는 말씀을 듣고 실천함으로써 주어진다.
말씀을 주야로 가까이함으로 하나님의 지혜를 받아 여러 어려운 상황들을 넉넉히 풀어 가는 삶이 형통한 삶이다(신 28:1). 성경에서도 하나님의 말씀을 듣고 실천하는 것이 복을 받는 길임을 강조하고 있다(약 1:25).

우리의 일상은 날마다 바쁘고 분주하게 이어진다. 그렇기에 말씀을 가까이하기 어렵다고 말한다. 그러나 바쁘고 분주할수록 부족한 시간을 쪼개서라도 하나님의 말씀을 가까이하고 묵상하며 삶에 적용해야 한다. 그 가운데에서 순간순간 하나님이 주시는 지혜와 통찰력으로 우리에게 주어진 삶을 살아 낼 때 하나님은 우리에게 형통의 복을 허락하실 것이다.

Chapter 3

형통은 타이밍이다

사람은 누구나 형통한 삶을 꿈꾼다. 하나님도 모든 인생이 형통하기를 원하신다. 하나님이 아브라함에게 약속하시고 모세를 통해 다다르게 하신 '가나안 땅'은 형통의 상징이다. 그러나 이 땅을 실제로 밟고 정복한 사람은 소수였다. 심지어 모세조차 그 땅을 느보산에서 바라보기만 했을 뿐, 밟지는 못했다. 하나님의 타이밍을 놓쳤기 때문이다.

형통의 때를 분별하는 지혜

세월을 아끼라 때가 악하니라 그러므로 어리석은 자가 되지 인생을 살아가면서 가장 중요한 것이 타이밍, 곧 '때'를 놓치지 않는 것이다. 에베소서 말씀에서 "세월을 아끼라"라는 것은 기회를 선용하라는 뜻이다. 성경은 하나님의 뜻과 때를 분별하여 살아가는 이들이야말로 지혜로운 자들임을 강조한다. 반대로 '어리석은 자'로 언급된 사람들은 하나님의 타이밍을 놓치고 기회를 잃어버린 이들이다. 이 세상에는 어리석은 사람도 있고 지혜로운 사람도 있다. 이들을 구분 짓는 기준은 '하나님의 형통의 때를 분별하며 사는가'다.

나는 세 살에 아버지를 여의고 여러 결핍의 상황을 겪으며 어린 시절을 보냈다. 비록 당시는 괴롭고 힘들었지만, 그 경험은 오늘날 결핍 가운데 있는 이들을 돕는 목회의 원동력이 되었다. 사람들은 자기 삶에 닥친 불공정을 탓하며 불평할 수 있다. 그러나 하나님은 모든 이의 삶 속에 형통의 기회를 예비해 두셨다. 그 기회를 붙잡고 선용할 책임은 각자에게 있다.

성경은 자기 삶 속에 찾아온 형통의 기회를 잘 선용한 이야기를 소개하고 있다. 아브라함이 140세쯤 되었을 때 그는 자신의 독자 이삭의 배우자로 믿음의 사람을 구하기 위해 믿을 만한 노종을 하란 땅으로 보낸다. 아브라함은 자신의 모든 권한을 노종에게 부여하며 중대한 임무를 맡긴다.

아브라함의 노종은 여자가 자신을 따라오지 않으면 어떻게 하느냐고 염려했다. 그러나 아브라함은 "그가 그 사자를 너보다 앞서 보내실지라 네가 거기서 내 아들을 위하여 아내를 택할지니라"(창 24:7)라고 고백하며, 하나님이 모든 것을 준비하실 것을 확신한다. 오늘날과 같이 불확실하고 불안정한 시대에 우리에게 필요한 것은 바로 아브라함과 같은 믿음이다. 하나님이 반드시 우리 삶을 순적하게 이끌어 가실 것을 믿고 나아가야 한다.

아브라함이 노종을 선택한 이유가 있다. 그가 하나님의 타이밍을 알고 그것을 선용할 줄 아는 자였기 때문이다. 노종은 아브라함으로부터 임무를 받고 무작정 떠나지 않았다. 그는 주인 아브라함이 맡긴 재산 중에서 가장 좋은 선물을 준비한다. 성경은 선물 주기를 좋아하는 자에게는 사람마다 친구가 되어 준다고 말씀하는데(잠 19:6), 노종은 하란 땅에서 만날 여인을 위해 가장 좋은 선물을 준비했다. 그의 세심한 준비는 형통한 만남을 위한 중요한 요소가 되었다.

아브라함의 선택과 노종의 순종은 연륜과 경험 속에 깃든 지혜를 무시할 수 없다는 것을 보여 준다. 비록 인간의 사회적 직업에는 은퇴가 있을 수 있으나, 하나님 앞에서는 결코 은퇴가 없다. 모세는 80세에 하나님의 부름을 받았고, 아브라함은 75세에 본토 아비 집을 떠나라는 하나님의 명령에 순종했으며, 또한 100세에 아들 이삭을 낳았다. 우리는 호흡이 멈추는 그 순간까지 하나님이 맡기신 사명을 감당해야 한다.

노종의 기도 타이밍

하나님의 뜻이 이루어지기 위해서는 누군가의 기도가 필요하다. 기도보다 앞서 행하는 것은 위험하며, 기도 없이는 아무것도 이루어지지 않는다. 따라서 신실한 사람은 매사에 하나님의 응답을 확신하며 기도를 앞세운다. 아브라함이 택한 노종이야말로 기도의 중요성과 타이밍을 알고 있는 사람이었다(창 24:12-15).

노종은 우물 곁에서 자신이 만나야 할 여인을 순조롭게 만나게 해 달라고 간절히 기도했다(창 24:12). 놀랍게도 그가 기도를 마치기도 전에 한 여인이 물동이를 어깨에 메고 우물가로 나온다(창 24:15). 그녀가 바로 아브라함의 며느리이자 이삭의 아내가 될 리브가였다. 이 장면은 기도의 응답이 얼마나 신속하고 분명한지 보여 준다. 노종의 기도는 단순히 자신의 소망을 아뢰는 데 그치지 않았다. 그는 하나님이 이미 준비해 놓으신 형통의 타이밍 속에서 하나님의 뜻을 발견하고 응답받았던 것이다.

우리는 기도를 통해 분별력과 지혜를 얻을 수 있다. 기도는 하나님의 실제적인 역사를 경험하게 하는 통로다. 우리 삶에서 하나님의 뜻이 이루어지고 형통한 길이 열리기 위해서는 반드시 기도가 필요하다. 노종의 삶을 통해서 알 수 있듯, 하나님은 우리의 기도를 통해 그분의 계획을 펼치신다. 그러므로 하나님의 타이밍을 신뢰하며 기도하기를 멈추지 말아야 한다.

리브가의 섬김과 결단 타이밍

노종의 기도가 끝나기도 전에 리브가가 우물가에 나타난 것은 놀라운 하나님의 섭리였다. 여기에는 노종의 기도 타이밍 말고도 리브가의 섬김 타이밍이 엿보인다. 만약 리브가가 부모의 요청을 잠시 미루거나 거절했다면, 이 절묘한 순간의 만남은 없었을지도 모른다. 이처럼 리브가의 즉각적인 순종을 통하여 타이밍의 중요성을 잘 알 수 있다.

리브가의 섬김은 자발적으로 우러나온 것이었다(창 24:18-20). 또한, 긍휼과 관용의 섬김이었다. 리브가는 노종의 부탁이 없었음에도 깊은 우물에서 물을 길어서 그의 낙타 열 마리까지 물을 마시도록 했다. 관용의 마음으로 섬긴 것이다.

또한 리브가는 늘 섬길 수 있도록 준비하고 있었다. 성경은 리브가가 아리따운 소녀였다고 기록한다(창 24:16). 이는 단순히 외적 아름다움만을 뜻하지 않는다. 그녀가 항상 몸과 마음을 단정히 하여 하나님의 타이밍에 맞출 준비가 되어 있었음을 나타낸다. 우리도 일상에서 이와 같이 하나님의 타이밍을 맞추기 위해 항상 준비되어 있어야 한다.

그렇다면 리브가와 같은 섬김과 헌신의 마음은 어떻게 가질 수 있을까? 하나님은 일상 속에서 내 눈에 보이는 것을 통해 사명과 섬김, 헌신의 마음을 부어 주신다. 어떤 일에 기도가 필요하다는 것을 느낀다면 그 일이 곧 나에게 주어지는 섬김과 헌신의 자리다. 만일 교육부서에 교사가 없는 것이 보인다면 교사의 자리가 사명이고, 곧 부르심의 지리다. 교회 안팎으로 청소의 손길이 필요해 보이고 내가 청소해야 한다는 생각이 든다면 이는 하나님이 주시는 섬김의 마음이다.

그동안 하나님 앞에 쓰임 받을 기회, 영혼을 구원할 기회, 섬길 기회, 헌신할 기회, 응답받을 기회, 하나님의 축복을 받을 기회를 놓치며 살아오지는 않았는가. 하나님이 보여 주시는 섬김의 타이밍은 나를 축복하시기 위한 것임을 기억하며 주어진 시간을 선용해야 한다.

이 밖에도 노종과 리브가의 만남, 이삭과 리브가의 만남에는 여러 상황이 맞물려 하나님의 절묘한 타이밍을 보여 준다. 먼저 리브가는 자신에게 일어난 놀라운 일을 즉각적으로 어머니에게 알리며 소통했다(창 24:28). 리브가는 고급 액세서리가 생겼을 때 그것을 감추어 둘 수도 있었지만, 즉각적으로 어머니와 모든 것을 소통하였다. 그러한 리브가였기에 오라버니 라반이 우물가로 달려가서 아브라함의 노종을 만났고, 이삭과의 결혼이 현실이 되었다.

이처럼 자녀는 부모에게, 부하는 상관에게, 아랫사람은 윗사람에게 일어난 일과 벌어진 상황을 알리고 보고하는 타이밍을 놓치지 않아야 한다. 이 타이밍을 놓치는 것은 형통의 기회를 놓치는 것이 될 수 있다. 일어난 일에 대한 보고와 소통은 형통한 삶을 위한 중요한 요소다.

또한 리브가는 노종과 함께 떠나겠다는 결단을 주저하지 않았다(창 24:58). 리브가는 어린 소녀였음에도 하나님의 뜻을 분별하며, 가족과의 정을 뒤로하고 새로운 삶을 향해 나아가기로 결단했다. 이러한 결단 타이밍을 통해 그녀는 아브라함,

이삭, 야곱으로 이어지는 믿음의 명문 가문의 일원이 되는 축복을 누리게 되었다.

하나님이 준비하신 타이밍 속에서 리브가는 자신의 즉각적 순종과 섬김, 소통, 그리고 결단으로 응답했다. 이와 같이 우리도 삶에서 하나님의 타이밍을 놓치지 않고 결단하며 순종하여 나아갈 때 형통한 길을 걸을 수 있다.

형통의 타이밍을 맞이할 준비

이삭이 저물 때에 들에 나가 묵상하다가 눈을 들어 보매 낙타들이 오는지라 리브가가 눈을 들어 이삭을 바라보고 낙타에서 내려 창 24:63-64

기도는 하나님이 허락하신 형통의 타이밍을 준비하고 맞이하는 가장 중요한 행위다. 이삭은 들판에서 묵상하며 기도하는 가운데, 그의 평생의 배우자인 리브가를 만난다. 이는 기도의 삶이 하나님의 섭리를 어떻게 이루어 가는지를 잘 보여준다.

이처럼 우리도 기회를 선용할 줄 알아야 한다. 기회는 언제나 일상 속에 준비되어 있다. 쉬운 길로 가기보다 일상 속에서 역사하고 예비하시는 하나님을 신뢰하며 나아가야 한다. 매 순간이 하나님이 형통케 하시는 타이밍이기 때문이다. 우리 역시 섬김과 헌신의 기회를 선용하며 하나님이 주시는 형통의 타이밍을 기대해야 한다.

> 우리가 하나님과 함께 일하는 자로서 너희를 권하노니 하나님의 은혜를 헛되이 받지 말라 이르시되 내가 은혜 베풀 때에 너에게 듣고 구원의 날에 너를 도왔다 하셨으니 보라 지금은 은혜 받을 만한 때요 보라 지금은 구원의 날이로다 고후 6:1-2

지금은 은혜 받을 만한 때이고, 구원의 날이라는 것은 삶의 매일, 매 순간이 하나님의 형통의 타이밍이라는 뜻이다. 일상 속에서 역사하시는 하나님을 신뢰하며 복음을 전할 기회, 쓰임 받을 기회, 모든 만남의 기회를 소중히 여겨야 한다. 우리 삶에서 가장 귀한 사람은 바로 지금 내 앞에 있는 사람이며, 가장 소중한 시간은 지금 이 순간이다. 만나는 사람마다 최선을 다해 섬기고, 하나님의 주권 아래 주어진 기회를 놓치지 않아야 한다. 형통은 타이밍이기 때문이다.

Part 2.

사방이 꽉 막혀
희망이 안 보여도

Chapter 4

형통은 순종이다

신명기는 '가나안'이라는 약속의 땅을 향해 가는 이스라엘 백성들에게 하나님이 주신 말씀이다. 이스라엘 백성들에게 광야의 삶은 불확실한 미래로 인한 불안감과 염려, 두려움을 불러일으켰다. 그들에겐 '과연 가나안 땅에는 도착할 수 있을까?' '가나안 땅을 정복할 수 있을까?' 하는 불안감이 팽배했다. 그때 하나님은 그들의 미래에 대한 축복의 기준을 분명히 말씀하시며, 복된 길이 무엇인지 정확하게 제시하셨다.

생존이 보장되지 않는 광야에서

광야는 생존이 보장되지 않는 곳이다. 성벽이 없으므로 밤이면 맹수가 들이닥칠 위험이 있었고, 외부의 적들에게 공격당할 수도 있었다. 식량을 스스로 조달할 수 없는 환경이었기에, 출애굽 당시 가지고 온 양식이 떨어지면 생존 자체가 어려운 곳이었다. 더군다나 팔레스타인 광야는 극심한 일교차로 인해 낮에는 타는 듯한 더위가, 밤에는 매서운 추위가 찾아왔다. 경작이 불가능한 땅, 살아가기 위해 필요한 자원이 전혀 보장되지 않은 곳, 바로 그곳이 이스라엘 백성이 마주한 광야였다.

광야는 사방을 둘러보아도 길이 없고 희망이 보이지 않는 척박한 환경이었다. 어쩌면 우리의 인생도 이러한 광야와 다를 바 없지 않은가. 내일을 알 수 없는 불확실함 속에서 살아가야 한다. 우리 힘으로 개척할 수 없는 순간을 수도 없이 마주하는 게 인생이다.

하지만 이런 광야에서도 하나님의 말씀은 이스라엘을 향한 약속이 되었으며, 길을 여는 진리가 되었다. 마찬가지로 우리의 인생길에서도 하나님은 명확한 약속의 말씀을 주신다. 모세를 통해 이스라엘 백성들에게 약속의 말씀을 주셨던 것처럼 오늘 우리에게도 동일하게 말씀하고 계신다.

복의 근원이신 하나님

많은 사람이 하나님을 믿으면 모든 일이 잘 풀리고 복을 받을 것이라고 생각한다. 또한 세상은 대부분 세속적 성공을 강조한다. 자신의 노력과 능력으로 목표를 달성하고 부와 권력을 얻는 것이 세상적인 복이다.

그러나 성경이 말씀하는 복은 신본주의적인 삶에서 나온다. 하나님은 복과 저주의 길을 구분하여 말씀하셨다(신 28:1-14; 28:15-68). 복은 단순히 세속적인 성공이 아니다. 성경적인 복은 철저히 하나님 중심적인 신앙에서 비롯된다. 복의 근원은 오직 하나님께 있다. 그분을 신뢰하고 의지하는 것이 진정한 형통의 길이다. 즉 형통의 소망은 철저한 '하나님 중심주의' 신앙에서 출발한다.

우리 삶에서의 가장 큰 복은 신앙이다. 나는 세 살 때 당시 의사였던 아버지가 돌아가시면서 조부모님 슬하에서 성장했다. 동네 어른들이 혀를 차며 동정할 정도로 부모님의 사랑이 결핍된 환경에서 자라다가 초등학교 3학년 때부터 예수님을 믿고 교회에 다니면서 하나님께 영광을 돌리겠다는 삶의 목표를 세웠다. 그렇게 점차 주일뿐만 아니라 새벽예배와 주중의 공예배도 빠짐없이 참석하기 시작했다.

학창 시절 나는 운동신경이 좋은 편이어서 주말이면 동네 형들과 축구 시합이나 야구 시합에 나가곤 했다. 하지만 믿음이 생긴 뒤 주일에 성경책을 들고 교회에 가는 나를 보며 사람들은 "기용이가 교회에 미쳤다"라고 조롱하기도 했다. 게다가 불교 신자였던 할머니와 유교적 제사를 중요하게 여기셨던 할아버지도 나를 이해하지 못하셨다.

그렇기에 나는 더욱 하나님의 말씀을 붙들며 복을 받아 잘되게 해달라고 간절히 기도했다. 훗날 조부모님과 친지들을 전도하여 모두 믿음의 동역자가 되었지만, 그 당시엔 참으로 외로운 시간을 보내야만 했다. 나는 하나님의 복을 먼저 받은 내가 복의 통로가 되어 동네의 아주머니들과 형들, 그리고 조부모님까지 복을 받도록 인도해 주시길 간구했다. 이러한 과정을 통해 나는 하나님이 주시는 형통의 길은 내 능력이나 환경이 아니라 철저한 신앙과 순종 속에서 열린다는 것을 깨닫게 되었다.

삶의 형통은 내가 가진 힘, 경험, 지식으로 이루어지는 것이 아니다. 진정한 형통은 하나님이 주시는 복이 임할 때 비로소 완성된다. 중세 유럽에서 유래했다는 "갓 블레스 유(GOD Bless You)"라는 인사말도 복의 근원이 하나님께 있음을 내포하고 있다.

순종을 통해 임하는 형통의 복

형통의 복은 일시적인 것이 아니라 지속성과 영원성을 지닌 복이다. 물질적이고 현세적인 복이 유한성을 가진다면 형통의 복은 영적이고 내세적인 차원의 복이다. 가장 큰 복은 '지속성과 영원성'에 있다. 지속성은 자녀와 후손들에게까지 이어지는 복을 의미한다. 그리고 영원성은 신앙이 계승되고 하나님 나라까지 이어지는 복이다.

또한 하나님이 약속하신 형통의 복은 특정한 영역에만 국한된 것이 아니라 우리의 삶 전반에 걸쳐 영향을 미친다(신 28:5-6, 8). 형통의 복은 단순히 물질적인 풍요에 국한되지 않는다. 영적인 유산과 신앙의 계승, 그리고 하나님 나라의 영원한 축복까지도 포함하는 복이다.

그렇다면 형통의 복은 어떻게 임하는가? 그 원리는 단순하다. '들음'과 '행함(순종)'을 통해 형통의 복이 임한다. 하나님의 말씀을 듣고, 그 말씀을 지켜 행할 때 복이 임하는 것이다. "네가 네 하나님 여호와의 말씀을 삼가 듣고 내가 오늘 네게 명령하는 그의 모든 명령을 지켜 행하면 네 하나님 여호와께서 너를 세계 모든 민족 위에 뛰어나게 하실 것이라"(신 28:1)라는 말씀은 하나님의 축복이 '들음'과 '행함'이라는 단순한 순종을 통해 온다는 진리를 강조하고 있다. 하나님의 말씀 앞에 겸손히 무릎 꿇고 그 말씀을 따라 실천하는 것이 복의 길이라는 것이다.

나는 이 말씀을 평생 붙들며 살아왔다. 형통의 복은 우리의 노력이나 인간적인 지혜로 얻어지는 것이 아니라 하나님의 말씀을 듣고 행할 때 주어지는 축복이다. 우리의 삶에 임하는 모든 형통은 하나님이 주시는 은혜에서 비롯된다는 것을 항상 기억하며 살아가야 한다.

구원은 오직 믿음으로 주어지는 하나님의 은혜이다. 그러나 순종의 삶을 통해 그 구원은 완성되고 하나님께 영광이 된다. 순종은 하나님을 향한 신앙의 증명이자 삶의 실천이다. "아들을 믿는 자에게는 영생이 있고 아들에게 순종하지 아니하는 자는 영생을 보지 못하고 도리어 하나님의 진노가 그 위에 머물러 있느니라"(요 3:36)라는 말씀은 믿음과 순종의 상관관계를 명확히 보여 준다. 이 말씀은 우리의 삶이 불순종으로 이어질 때 진정한 영생을 누릴 수 없음을 경고한다. 이는 불신앙이 곧 불순종으로 이어진다는 것을 의미하며, 순종은 하나님을 향한 신앙의 구체적인 표현임을 뜻한다.

야고보서 2장에서는 행함이 없는 믿음은 헛것이라고 가르친다(17-22절). 믿음은 순종을 통해 온전해지며, 순종의 순간은 곧 하나님의 테스트임을 보여 준다. 순종은 때로 어려움을 동반하지만, 이를 통해 신앙은 증명되고 하나님이 준비하신 형통의 통로가 열리게 된다. 순종은 하나님의 능력을 의지하며 살아가겠다는 신앙의 선언이다.

어린 시절 고향집 처마 밑에는 제비 집이 있었다. 어미 제비는 새끼들을 먹이기 위해 아침 일찍부터 부지런히 먹이를 구해 왔다. 그런데 흥미로운 점이 있었다. 어미 제비가 먹이를 물고 둥지 주위를 맴돌다가 조금이라도 더 힘차게 머리를 치켜들고 입을 가장 크게 벌리는 새끼가 보이면 그 입에 먹이를 넣어 준다는 것이었다. 그렇게 먹이를 받아먹은 새끼는 힘을 얻어 더 적극적으로 몸을 일으키게 되고, 결국 다른 새끼들보다 더 많은 먹이를 받아먹게 되는 것이다.

이처럼 받은 자가 더 받고, 쓰임 받은 자가 더 쓰임 받는다. 성경에도 다섯 달란트, 두 달란트, 한 달란트를 받은 종의 비유가 나온다. 다섯 달란트를 받은 종은 다섯 달란트를 더 남겼고, 두 달란트를 받은 종도 두 달란트를 더 남겼지만, 한 달란트를 받은 종은 아무것도 하지 않고 그대로 땅에 묻어 두었다. 그 결과, 주인은 한 달란트를 뺏어 열 달란트를 가진 종에게 주었다. 이것이 바로 하나님의 축복의 원리이다. 이처럼 순종하는 자는 더욱 큰 형통을 경험하게 된다.

하나님이 부여하신 리더십을 회복하라

"땅의 모든 백성이 여호와의 이름이 너를 위하여 불리는 것을 보고 너를 두려워하리라"(신 28:10)라는 말씀에서 언급한 '두려움'은 단순한 공포를 의미하는 것이 아니다. 이는 하나님을 믿는 자들에게 주어진 권위와 리더십을 뜻한다. 인간에게 "생육하고 번성하여 땅에 충만하라, 땅을 정복하라"(창 1:28)라고 명하신 하나님의 말씀도 리더십에 대한 약속이다. 하나님을 믿고 하나님께 순종하는 자들은 이러한 리더십을 부여받게 되는 것이다.

그러나 지금은 많은 교회가 세상으로부터 신뢰받지 못하며 리더십을 잃어버리고 말았다. 이는 단순히 숫자의 문제가 아니다. 세상이 교회를 두려워하지 않는 이유는 교회가 본래의 영적 리더십을 상실했기 때문이다. 세상은 탈종교화 시대를 맞이하였다. 기독교는 다른 종교와 비교해도 우월하다고 말할 수 있지만 세상은 교회를 존중하지 않고 있다.

하나님은 우리에게 사랑과 거룩함을 요구하신다. 하나님은 독생자 예수 그리스도를 우리를 위해 희생시키심으로 사랑과 거룩함의 절정을 보여 주셨다. 그러므로 하나님의 자녀 된 우리도 세상 속에서 사랑과 거룩함을 나타내야 한다. 예수님이 희생을 통해 사랑을 보이셨듯이, 우리도 희생적인 사랑으로 하나님의 사랑을 세상에 증명해야 한다.

그러나 안타깝게도 현실은 그렇지 못하다. 오늘날 교회를 다니는 사람들조차 신앙의 본질을 잃고 행동보다는 말만 앞세우는 경우가 많다. 그 결과 세상으로부터 "예수쟁이들은 말만 잘한다"라는 비난을 듣곤 한다. 이는 성경 속 바리새인들의 모습과 다를 바 없다. 그들은 늘 말로만 가르치며, 정작 행함이 따르지는 않았다. 그들의 위선적인 모습이 오늘날 우리에게도 반복되고 있는 것이다.

또한, 오늘날 교회는 신앙의 거룩함을 잃어 가고 있다. 신앙을 가진 사람들조차 세상의 가치관을 따라가며 죄와 타협한다. 우리는 소돔과 고모라처럼 도덕적 타락과 성 윤리의 붕괴가 일반화된 시대에 살고 있다. 세상 속에서 신앙을 지킨다고 하지만, 어느 순간 죄와 타협하고 있지는 않은지 돌아보아야 한다.

하나님은 우리가 그분의 말씀을 따라 살아갈 때 우리에게 '하늘의 보고(寶庫)'를 열겠다고 말씀하신다. 이것은 한두 번의 복이 아니라 언제든지 주어지는 하나님의 형통을 의미한다. 하나님이 여시면 닫을 자가 없고, 하나님이 닫으시면 열 자가 없다. 그러므로 순종이 곧 형통이며, 형통은 곧 하나님의 말씀을 따라 살 때 가능한 것이다.

코로나 팬데믹 시기에 하나님이 나에게 "교회 밖에 교회를 세우라"라는 음성을 주셨다. 미리 책정된 예산이 없었지만 교회 주변 상권과 어려운 이웃을 섬겨야 한다는 거룩한 부담감을 품고 순종했다. 그 결과 하나님이 우리 교회에 더욱 크고 놀라운 은혜를 부어 주셨다. 이것이 바로 하나님이 주시는 형통의 원리다. 우리가 하나님의 말씀에 순종할 때 예상치 못한 길이 열리고, 하나님이 예비하신 더욱 큰 복을 누리게 되는 것이다.

나는 모든 것이 하나님으로부터 주어진다고 믿는다. 하나님의 도우심이 없다면 아무리 견고해 보이는 것도 결국 사상누각과 같다. 하나님이 우리를 붙들어 주시지 않으면 우리는 설 수 없는 것이다. 오직 하나님만이 우리를 도우실 수 있다. 우리가 모두 하나님이 약속하신 리더십을 회복하고, 순종함으로 세상 속에서 하나님의 사랑과 거룩함을 나타낼 때 형통의 삶을 누리게 될 것이다.

Chapter 5

형통은 은혜다

'은혜'란 값없이 주어지는 선물이며, 인간의 노력이나 공로를 초월하여 하나님으로부터 주어지는 신적인 축복을 의미한다. 즉, 자신의 능력과 기대를 뛰어넘는 결과가 주어질 때 우리는 이를 '하나님의 은혜'라고 말한다.

벽에 붙은 종이는 찢어지지 않듯

성경에 나온 신앙의 위인들의 삶을 살펴보면, 모두가 예외 없이 은혜의 영역에 있었다. 17세에 노예로 잡혀갔던 요셉은 13년의 노예 생활 이후 당시 대국이었던 애굽의 총리가 되었으며, 바벨론에 포로로 잡혀갔던 다니엘도 네 명의 왕을 거치는 동안 총리 자리를 지켰다. 마찬가지로 포로로 잡혀가 부모 없이 자랐던 식민지 백성 에스더는 대제국 페르시아의 왕비가 되어 위기에 빠진 이스라엘 민족을 구해 내기도 했다.

이처럼 성경에 등장하는 수많은 인물의 공통점은 그들이 처한 상황과, 능력으로는 도저히 설명할 수 없는, 은혜의 결과로 전개된 삶의 서사를 보여 주었다는 점이다. 단언컨대, 하나님의 초자연적 도우심이 아니고는 설명할 수 없는 결과다.

이는 신약시대에도 이어진다. 갈릴리 바닷가에서 고기를 잡던 평범한 젊은이들이 온 세상을 복음화하기 위해 예수님께 선택받은 제자로 거듭났던 사례가 대표적인 증거다. 예수님이 잡히실 때 배반하고 비겁하게 도망갔던 제자들이 다시 변화되어 복음을 위해 한결같이 순교를 마다하지 않는 사람들로 바뀐 사건도, 인간의 상식으로는 설명할 수 없는 은혜의 영역이다.

사람들의 세계관을 크게 '인본주의'와 '신본주의'로 나누어 볼 수 있다. 인본주의는 자신의 능력과 힘을 믿고 스스로 형통을 이루려 하는 삶의 방식이다. 반면, 신본주의는 인간이 노력을 다할지라도 하나님의 도우심 없이는 열매를 맺을 수 없으며, 반대로 인간의 능력이 부족할지라도 하나님이 역사하시면 놀라운 형통이 이루어진다는 믿음의 태도와 관점을 말한다. 그렇다면 하나님은 어떤 환경에서 역사하시며, 어떤 사람을 통해 그의 권능을 드러내기를 기뻐하실까? 하나님은 철저히 하나님의 영광이 극대화되는 방향으로 역사하신다. 하나님의 영광이 가장 높이 드러나는 방법을 선택하시며, 그 방법에 맞게 사람을 사용하신다.

사사기 8장 10절에서 기드온이 미디안의 대군 13만 5,000명을 상대할 때, 처음에는 3만 2,000명의 군사가 있었다. 그러나 하나님은 1차, 2차 테스트를 통해 단 300명의 군사만 남기셨다. 그리고 이 300명의 군사가 13만 5,000명을 물리치게 하셨다. 만일 3만 2,000명이 싸워 승리했다면, 사람들은 기드온의 용병술과 군사들의 전투력을 칭송했을 것이다. 그러나 300명만으로 승리를 거두었기에, 이를 통해 하나님이 직접 역사하셨다는 사실이 더욱 분명하게 드러났다.

이처럼 인간에게 있어서 불가능한 순간이 바로 하나님이 일하실 때다. 마치 종이가 낱장으로 있을 때는 쉽게 찢어지지만 단단한 벽에 붙어 있으면 찢어지지 않는 것처럼, 인간은 연약한 존재이지만 하나님과 함께할 때 강해진다. 인간적으로 부족하고 연약해 보일지라도 하나님의 은혜가 임하면 세상이 감당하지 못하는 강한 사람이 된다.

바울은 "내게 능력 주시는 자 안에서 내가 모든 것을 할 수 있느니라"(빌 4:13)라고 고백한다. 이것이 바로 신본주의다. "나는 할 수 없다, 나는 부족하다"라고 말하는 인간적 생각이 아니라, "하나님이 능력을 주시면 우리는 모든 것을 할 수 있다"라고 고백하는 것이다. 하나님 없이는 아무것도 할 수 없지만 하나님과 함께할 때는 모든 것이 가능하다.

'사람 인(人)'자에서도 알 수 있듯이 사람은 하나님을 의지해야만 살아갈 수 있는 존재다. 하나님은 조건과 배경이 화려한 사람을 찾으시는 것이 아니다. 하나님을 전적으로 의지하며 그의 이름을 높이는 사람을 찾으신다.

다윗은 가난한 집안의 막내아들로 태어났고 양을 치는 목동에 불과했다. 그러나 하나님은 그를 택하여 이스라엘을 다스리는 통일 왕국의 왕으로 세우셨다. 그뿐인가, 만왕의 왕이신 예수님의 성육신을 위한 혈통으로 택하셨다. 다윗이 이러한 영광을 누릴 수 있었던 이유는 자신의 부족함을 깊이 깨닫고 늘 하나님을 의지하며 그분을 높이는 삶을 살았기 때문이다.

다윗이 "나의 앞날이 주의 손에 있사오니"(시 31:15)라고 고백한 것처럼, 우리 삶도 하나님의 손안에 있다. 우리가 스스로의 힘이 아니라 하나님의 은혜를 붙들며 나아갈 때 하나님이 우리를 형통한 길로 인도하시고 그의 놀라운 역사를 이루실 것이다.

불리함을 유리함으로, 불가능을 가능으로

창세기 26장에서 보면 이삭은 예상치 못한 흉년을 맞이한다. 그의 아버지 아브라함도 한 세대 전, 즉 약 100년 전에 흉년을 경험했는데, 이제 그의 아들 이삭도 동일한 시련을 겪게 된 것이다. 믿음의 조상 아브라함도, 그의 아들 이삭도, 손자 야곱도 흉년을 피할 수 없었다. 그러나 중요한 것은 그들이 흉년 가운데서도 믿음의 길을 걸어갔다는 점이다.

하나님은 사랑하는 백성들이 흉년을 만날 때에도 결코 외면하지 않으시며, 반드시 선한 길로 인도하신다. 아브라함에게는 피할 길을 열어 주셨고, 이삭에게도 애굽으로 내려가지 말고 그랄 땅에 머물라는 분명한 말씀을 주셨다. 이삭이 머물렀던 그랄 땅은 하나님이 직접 인도하신 장소였다.

만약 이삭이 인간적인 판단에 따라 애굽으로 내려갔다면, 하나님의 특별한 역사를 경험하지 못했을 것이다. 또한 이삭이 유목을 통해 백 배의 결실을 얻었다면, 사람들은 그가 잘해서 그런 결과를 얻었다고 생각했을 것이다. 그러나 농사 경험이 전혀 없던 이삭이 농업에서 전례 없는 백 배의 결실을 맺자 누구도 이를 이삭의 능력으로 이해하거나 설명할 수 없었다. 이것이 바로 하나님의 영광을 극대화하는 방식이다.

형통

인간적 시각으로 보면 불리한 조건이지만, 하나님 손에 붙들리면 얼마든지 유리한 조건이 될 수 있다. 이삭이 첫 농사에서 백 배의 수확을 거두었을 때, 그는 그 결과를 바라보며 모든 것이 하나님의 은혜라고 고백했을 것이다. 약 4천 년 전, 농업이 발달하지 않았던 이삭의 시대에는 농사가 잘되더라도 10-15배의 수확을 거두는 것이 평균이었다. 그것도 시리아의 루베(Ruhbe) 평야같이 극히 비옥한 지역에서나 가능한 일이었다. 그런데 이삭은 흉년 중에 무려 백 배의 수확을 거두었다. 이것은 인간의 계산과 노력으로는 설명할 수 없는 하나님의 초자연적 역사였다.

이처럼 이삭이 경험한 백 배의 결실을 내 삶에서도 직접 경험해 보았기에 오늘날에도 동일한 기적이 임할 수 있음을 확신한다. 나는 전라북도 김제에 위치한 송지동교회에서 19년간 청소년 집회와 청장년 집회를 인도했다. 그곳은 작은 시골 교회였지만, 담임목사와 성도들의 헌신으로 6천 평 땅을 매입하여 잔디를 심고, 수영장을 조성하는 등의 준비를 거쳐 다음 세대를 위한 놀라운 사역을 진행했다. 집회가 거듭될수록 참석 인원이 많아졌고, 교회의 장로님들과 성도들은 직접 나무를 나르고 벽돌을 쌓아 숙소를 만들며 헌신했다. 농번기가 되어 각자의 사업장에서 일손이 부족했음에도 다음 세대를 깨우는 일에 더욱 집중하며 하나님의 사명을 감당했던 것이다.

방울토마토 농사를 짓던 한 장로님은 농번기임에도 불구하고 집회를 섬겨 주었다. 농사에 집중할 시간이 부족했기 때문에 새벽 기도를 마치고 농장에 들러 이렇게 기도했다고 한다. "하나님, 오늘도 교회에서 주님의 사명을 감당해야 합니다. 주님이 방울토마토를 맛있게 익게 하시고 당도를 높여 주셔서 이 사명을 계속 감당하게 하소서." 그런데 실제로 그해 방울토마토를 출하할 때, 그 지역에서 생산된 토마토 중에서 그 장로님의 토마토가 유독 당도가 높고 맛이 좋아서 두 배 이상 높은 가격에 팔렸다고 한다. 하나님의 은혜가 임하면 인간의 계산을 뛰어넘는 형통이 주어진다.

왜 이삭에게 형통의 은혜가 임했을까

이삭의 인생에는 형통이 따라다녔다. 이삭은 다섯 번 우물을 팔 때마다 샘을 얻는 기적을 경험했다. 농사를 지어도 백 배의 결실을 거두었고, 비가 내리지 않는 팔레스타인의 척박한 땅에서도 우물을 팔 때마다 물이 터지는 기적을 경험했다.

이것이 바로 하나님의 은혜다. 그렇다면 이삭에게 왜 이러한 형통의 은혜가 임하였을까.

첫째, 이삭은 하나님이 정하신 곳에 있었다. 고대사회에서 흉년이 들면 생존을 위해 보다 풍요로운 땅을 찾아 떠났다. 그 당시 강대국이었던 애굽은 식량이 풍부했기에 많은 사람이 흉년을 피해 애굽으로 이주하곤 했다. 그러나 하나님은 이삭에게 애굽으로 가지 말고 그랄 땅에 머물라고 명령하셨다. 이삭은 자신의 인간적인 판단이나 세상의 흐름을 따르지 않고 하나님의 말씀에 순종하여 그랄 땅으로 갔는데, 거기서 하나님의 특별한 은혜를 경험했다. 흉년에도 불구하고 농사를 지어 백 배의 결실을 거두는 기적을 체험한 것이다(창 26:2-4).

이삭의 형통은 단순한 우연이 아니었다. 하나님의 명령을 따라 자신이 있어야 할 자리에 있었기 때문에 주어진 은혜였다. 만약 이삭이 다른 사람들처럼 애굽으로 내려갔다면 하나님의 놀라운 역사를 경험하지 못했을 것이다.

둘째, 이삭은 말씀에 순종하여 씨앗을 심었다. 이삭은 농사를 지어 본 경험이 없었다. 흉년이 든 땅에서 농사를 짓는다는 것이 무엇을 의미하는지조차 몰랐을 것이다. 그는 오직 하나님의 말씀에 순종하여 적극적으로 씨를 뿌리며 믿음의 행동으로 응답했다. 이삭은 하나님의 명령을 따라 '구하고, 찾고,

두드리며' 적극적으로 나아갔고, 결국 하나님의 도우심으로 백 배의 수확을 거두는 기적을 경험했다.

성경은 심음과 거둠의 원리를 거듭 강조한다. "눈물을 흘리며 씨를 뿌리는 자는 기쁨으로 거두리로다 울며 씨를 뿌리러 나가는 자는 반드시 기쁨으로 그 곡식 단을 가지고 돌아오리로다"(시 126:5-6)라는 성경 말씀은 심음의 과정이 때때로 고통스럽지만 반드시 거두는 날이 온다는 것을 의미한다. 우리는 이삭의 예를 통해 믿음은 행동으로 증명되어야 한다는 사실을 배운다. 하나님의 말씀을 듣고 믿는 것만큼 중요한 것은 그 믿음을 실제 삶에서 실천하는 것이다.

셋째, 이삭은 예배드리는 가정에서 나고 자랐다. 즉 이삭이 누린 복의 씨앗은 그의 아버지 아브라함이 심은 것이었다. 하나님은 아브라함이 말씀에 순종하고, 명령과 계명과 율례와 법도를 지켰다고 말씀하신다(창 26:5). 이는 아브라함의 순종이 단순히 그 개인에서 끝나는 것이 아니라 그의 아들 이삭에게로 흘러갔음을 의미한다. 성경은 부모가 심은 것이 결국 자녀에게 열매로 맺힌다는 진리를 강조하고 있다. 이처럼 하나님 앞에서 믿음으로 심은 것은 반드시 다음 세대로 이어지는 영적 유산이 된다.

이삭은 아버지 아브라함처럼 예배하는 사람이었다. 그의

삶은 언제나 하나님께 예배드리는 삶이었으며, 그 신앙의 중심에는 제단이 있었다. 그 결과 "그 사람이 창대하고 왕성하여 마침내 거부가 되어"(창 26:13)라고 말씀하고 있다. 즉, 하나님의 은혜로 이삭의 삶에는 계속해서 형통의 복이 넘쳐난 것이다. 이삭이 누린 모든 형통의 복은 이처럼 전적으로 하나님의 은혜를 통해 주어진 것이다.

부족한 사람을 통해 영광을 드러내시는 하나님

미국에서 세계적으로 쓰임 받던 한 목사가 있었다. 그는 20대 시절, 말을 더듬어서 사람들 앞에서 말하는 것을 극도로 두려워했다. 그러던 어느 날, 그가 출석하던 교회 담임목사의 요청으로 간증을 하게 되었다. 말을 더듬는 자신이 어떻게 간증을 할 수 있겠느냐며 거절했지만, 담임목사는 순종할 것을 권면하였다. 그래서 그는 기도하며 순종했고, 그 자리에서 놀랍게도 말을 더듬는 장애가 치유되는 기적을 경험했다. 이후 그는 하나님께 크게 쓰임 받는 목회자가 되었다. 한번은 그가 인도하는 캘리포니아 혼다센터 집회에 참석했는데, 무려 5만여 명이 모였다. 그곳에서 그의 설교를 들으며 깊은 은혜를 받은 기억이 있다. 나뿐만 아니라 수많은 사람이 은혜를 경험하고 치유받는 모습을 보았다.

하나님은 뛰어난 능력을 가진 사람을 찾으시는 것이 아니다. 조건이나 배경이 뛰어난 사람, 언변이 좋은 사람을 찾으시는 것이 아니다. 하나님을 온전히 의지하며, 그의 영광을 드러낼 사람을 찾으신다. 우리나라 최초의 순교자인 토마스(Robert J. Thomas) 선교사를 파송한 교회는 영국 웨일스의 작은 시골 교회였다.

하나님은 크기나 화려함을 기준으로 삼지 않으신다. 예산이 부족하거나 사람이 적다고 주의 일을 못 하는 것이 아니다. 하나님은 연약한 나귀 새끼도 사용하셔서 예수님을 태우는 영광스러운 도구로 삼으셨다. 이처럼 연약한 자에게 허락하시는 특별한 하나님의 은혜를 구하며, 그분의 말씀에 순종해야 한다. 순종을 통해 심고 거두며 살아가야 한다. 이것이 형통한 삶의 비결임을 삶 가운데 늘 기억하기를 소망한다.

Chapter 6

형통은 섬김이다

하나님은 이 땅의 모든 인생이 형통한 삶을 살기 원하신다. 인간은 하나님이 창조하신 걸작품이며, '하나님의 사랑'이라는 성품에 근거하여 창조된 존재이기 때문이다. 그러므로 하나님은 말씀을 통해, 그리고 형통한 삶의 표본이 되는 성경 속 인물을 통해 모든 세대가 형통의 길을 걸어가기를 바라신다.

형통한 삶은 특정한 사람들에게만 주어진 특권이 아니다. 형통을 내 것으로 삼느냐, 그러지 않느냐는 생각의 차이에서 비롯된다. 하나님의 원리는 변함이 없으며, 시대와 환경을 초월하여 동일한 결과를 가져온다.

인생의 공평함

형통은 모든 사람에게 주어진 하나님의 선물이다. 그런데 그렇게 생각할 수 없는 인생이 있다. 나는 세 살 때 아버지를 여의고 조부모님 슬하에서 자랐다. 세상 기준으로 보면 내 삶은 불공평한 환경이었다. 그러나 나는 하나님을 만나고 지금까지 형통한 삶을 살아 왔다고 자부한다. 사람의 시각으로는 불공평해 보이는 환경도 하나님 안에서는 공평하다.

형통한 삶의 주인공이 되려면 패배감과 열등의식이 자신의 내면에 자리 잡지 못하도록 해야 한다. 물컵 안에 더러운 물이 가득 차 있을 때는 마실 수 없다. 그러나 계속해서 맑은 물을 부으면 컵 안에 있던 더러운 물이 밖으로 밀려 나가고, 결국 깨끗한 물이 가득 채워진다. 하나님의 말씀과 성령께서 주시는 생각으로 내면을 채울 때 우리는 형통의 축복을 담을 수 있는 그릇이 된다.

성경을 보면 하나님은 시대와 상관없이 사람을 통해 일하셨다. 하나님은 보이지 않는 영적 존재지만, 각 시대에 간판주자를 세우셔서 하나님의 영광을 드러내셨다. 아브라함, 이삭, 야곱, 요셉, 다니엘, 다윗과 같은 인물들이 그러하다. 그래서 하나님은 스스로를 소개하실 때 "나는 아브라함의 하나님,

이삭의 하나님, 야곱의 하나님"이라고 말씀하셨다. 이는 이들이 하나님께 붙들려 형통한 삶을 살았으며, 하나님의 계획 속에서 귀히 쓰임 받았음을 의미한다. 오늘날에도 하나님은 우리 한 사람 한 사람을 하나님의 간판 주자로 세우기를 원하신다.

아브라함에게 임한 형통의 복

아브라함의 아버지 데라는 우상을 섬겼고, 먹고사는 문제를 해결하기 위해 하나님을 의지하기보다 세상의 가치를 쫓아갔다(수 24:2). 그는 맘모니즘(mammonism)에 빠져 물질을 인생의 주인으로 삼으며 살던 사람이었다. 이런 가문의 분위기에서 살고 있던 아브라함은 하나님으로부터 고향과 아버지 집을 떠나 하나님이 지시하시는 땅으로 가라는 명을 받는다(창 12:1).

하나님의 말씀을 의지하고 믿음으로 살아가려 했던 아브라함은 결국 75세에 믿음의 결단을 내리고 순종했다. 그 결과, 아브라함은 자녀의 축복을 받았을 뿐만 아니라 318명의 군사를 거느릴 정도로 큰 부자가 되어 막대한 권세를 누리게 된다.

아브라함은 자신의 불리한 환경과 그로 인해 주어지는 패배감과 상실감, 실패감에 굴복하지 않았다. 그는 하나님의 말씀을 전적으로 신뢰하고, 그 말씀에 순종하며 살았다. 그의 삶을 채운 것은 불평과 원망이 아니라, 하나님의 말씀과 약속을 향한 믿음이었다.

하나님은 우리 모두를 하나님의 작품으로 지으셨다. 우리의 삶에도 환경을 뛰어넘는 놀라운 하나님의 계획이 있음을 알아야 한다. 인생은 공평하고, 하나님은 부르심을 후회하지 않으신다.

> 너를 축복하는 자에게는 내가 복을 내리고 너를 저주하는 자에게는 내가 저주하리니 땅의 모든 족속이 너로 말미암아 복을 얻을 것이라 하신지라 창 12:3

하나님은 아브라함에게 형통의 복을 약속하시며 '축복'이라는 표현을 사용하셨다. 하나님이 아브라함에게 '너를 축복하는 자를 축복하겠다'라고 약속하신 것은 낮은 자리에서 아브라함을 겸손히 섬기는 자들에게 복을 허락하시겠다는 의미다. 이것이 곧 형통의 원리다. 형통하게 되는 것은 복잡한 일이 아니다. 바로 아브라함을 축복하면 되는 것이다.

반대로 다른 사람을 깎아내리고, 그들의 가치를 무시하고,

업적과 공로를 폄하하는 태도를 가질 때 그 사람은 스스로 저주의 삶을 살게 된다. 하나님은 모든 인생을 창조하셨고, 모든 사람에게는 하나님의 형상이 깃들어 있다(창 1:27-29). 그러나 인간의 죄와 불순종으로 인해 하나님의 축복이 가로막혔고, 인간은 저주의 삶 속에서 살아가게 되었다.

섬김을 통해 채워지는 축복

나는 유학을 위해 가족과 함께 미국에 3년 정도 머문 적이 있다. 학업을 진행하면서 틈틈이 미국인 교회를 방문하여 그곳 문화를 직접 경험하고 언어를 훈련하고자 했다. 그래서 미국에 도착한 다음 날 현지에서 좋은 인상을 주고 있는 교회를 찾아 예배를 드렸다. 예배 후, 한 백인 중년 남성이 다정한 미소와 함께 다가와 반무릎을 꿇은 자세로 말을 걸었다. 그는 처음 방문한 우리 가족을 환영하며 감사의 인사를 했고, 전화번호를 알려 달라고 했다. 그날 우리는 번호를 교환하고 집으로 돌아왔다.

그 후, 미국의 다양한 교회를 방문할 계획이었는데, 그에게서 전화가 왔다. 그의 이름은 '찰리'였다. 찰리는 예배 후에 우리 가족을 저녁 식사에 초대했다. 우리는 그들 부부와 많은 대화를 나누었고, 참된 섬김의 모습을 배울 수 있었다. 심지어 찰리는 밸런타인데이가 내 생일인 것을 알고 축하해 주기 위해 바다가 보이는 고급 레스토랑에 우리 가족을 초대해 정성스러운 식사를 대접해 주었다.

찰리 부부도 처음에는 아무것도 가진 것 없이 결혼했다고 한다. 그러나 그들은 언제나 환경을 뛰어넘어 섬김을 실천하는 삶을 살았다. 하나님은 그런 그들을 축복하셔서, 지금은 더 많은 사람을 섬길 수 있는 환경을 허락하셨다. 이 모든 것이 섬김의 축복이다. 하나님이 약속하신 '축복의 법칙'은 지금도 변함없이 작동하고 있다. 자신을 낮추고 남을 섬길 때 하나님이 높여 주신다. 겸손하게 다른 사람을 섬길 때 하나님의 복이 우리 삶에 임하게 되는 것이다.

인간은 본래 자기중심적이기에 섬김을 받는 것에는 익숙하지만 섬기는 것에는 인색하다. 그러나 예수님이 이 땅에 오셔서 가장 먼저 보여 주신 것은 '섬김'의 모습이었다. 우리는 매 순간 스스로에게 질문해야 한다. "예수님이라면 지금 어떻게 행동하셨을까?" 예수님은 죄인 된 우리를 위해 영광스러운 하늘 보좌를 버리시고, 낮고 천한 이 땅으로 오셔서 결국 십자가에서 자신의 목숨을 내주심으로 섬김의 완성을 이루셨다.

지금의 강대국들은 대부분 어려운 나라를 돕고 그 지역에 선교사를 파송하며 섬겼던 나라들이다. 하나님은 그런 나라를 더욱 축복하셨다. 창세기 18장에 나오는 아브라함의 섬김을 보라. 아브라함은 가장 뜨거운 정오의 시간에 자신의 집 앞을 지나가는 나그네 세 사람을 발견한다. 그는 곧장 달려가 그들을 정성껏 환대한다. 그러자 나그네들은 감동하여 아브라함을 축복한다. 그때 받은 "내년 이맘때 네게 아들이 있을 것이다"라는 약속은 그대로 성취되었다. 아브라함이 이러한 축복을 받을 수 있었던 이유는 그가 부지중에 나그네를 섬겼기 때문이다. 아브라함은 섬김의 롤 모델이다. 그는 자신의 삶에서 섬김을 일상화했으며, 그것을 통해 하나님의 복을 받은 사람이었다.

섬김을 적극적으로 실천하는 삶

아브라함의 삶을 통해 형통한 삶을 위한 섬김의 7대 원리를 알아보자.

첫째, '섬김의 민감성'이 필요하다(창 18:2a). 아브라함이 보았던 나그네 세 사람은 분명 다른 사람들의 눈에도 띄었겠지만 그들을 향해 먼저 손을 내밀고 섬기려 했던 사람은 오직 아브라함뿐이었다. 섬김은 민감하게 반응하는 영적 감각에서 시작된다. 부부 사이에서도 서로의 필요를 먼저 보는 것이 중요하다. 자신의 필요만을 채우려 하기보다 배우자의 필요에 민감하게 반응하고 섬길 때 가정은 더욱 건강하고 풍성한 공동체로 세워진다. 섬김이 필요한 대상은 보이는 사람의 눈에만 보인다. 즉, 하나님이 보여 주시는 것이 곧 우리의 사명이라는 것이다. 우리도 다른 사람의 필요를 민감하게 바라볼 수 있도록 기도해야 한다.

둘째, '섬김의 적극성'을 갖추어야 한다(창 18:2). 아브라함은 섬김을 습관처럼 실천하는 삶을 살았다. 창세기 18장을 보면, "눈을 들어" 나그네 셋을 발견한 아브라함은 곧바로 "달려나가" 몸을 굽혀 그들을 맞이한다. 이것은 단순한 환대가 아니라, 섬김을 위한 즉각적인 행동이었다. 그는 낯선 이들을 향한 섬김의 기회를 놓치지 않았고, 자신이 직접 나서서 행했다. 우리는 종종 섬김을 머뭇거리며 미루기도 한다. 하지만 형통한 삶은 섬김의 기회를 지체하지 않고 잡을 때 주어진다. 섬김이 필요하다는 것을 깨달았다면 아브라함처럼 적극적으로 다가가는 믿음의 자세가 필요하다. 섬김은 하나님의 축복이 머무는 통로이기 때문이다.

셋째, '섬김의 일상성'을 지켜야 한다(창 18:1). 아브라함의 섬김은 삶의 일부라 할 정도로 그의 삶에 언제나 함께하고 있었다. 섬김은 내가 원할 때만 하는 것이 아니다. 형통한 삶을 사는 사람들은 섬김을 삶의 일부로 여긴다. 삶 속에서 섬김의 기회를 놓치지 않는 것, 그것이 아브라함이 형통한 인생을 살 수 있었던 이유다. 나도 전임지 교회의 지원으로 미국에서 유학할 때 자연스럽게 다른 유학생들의 필요가 눈에 들어오곤 했다. 그래서 그들에게 좋은 식사를 대접하기 시작했고, 그 후로도 기회가 있을 때마다 유학생들을 섬기고 있다. 유학을 마치고 돌아온 나는 어느 날 한 목회자의 사모님을 만났는데, 당시 외국에서 우울증으로 힘들어하던 시기에 뜻밖의 식사 대접을 받으면서 마음의 회복을 경험했다고 고백하며 감사하다고 인사해 주었다.

넷째, '섬김의 언어와 태도'를 배우고 취해야 한다(창 18:2-3). 아브라함의 첫 번째 겸손은 존칭의 언어를 사용하는 것이다. 그는 섬김의 자리에서도 언어를 통하여 상대방을 존귀하게 대했다. 본문에서 아브라함은 광야의 먼지를 뒤집어쓴 나그네들에게 단순한 인사말을 건넨 것이 아니라, "내 주여"라는 극존칭을 사용하여 그들을 높였다. 아브라함은 그들이 낯선 나그네일지라도 자신보다 높은 존재로 여기며 존중하고 섬겼다. 아브라함의 두 번째 겸손은 그의 태도에서 드러났다. 그는 단순히 친절을 베푼 것이 아니라 자신을 철저히 낮추는 태도로 섬겼다. 아브라함은 처음 인사할 때뿐만 아니라 그들을 대하는 모든 순간에 겸손한 태도를 유지했다. 우리도 진정한 섬김의 자세를 갖추어 마음 깊은 곳에서부터 나오는 겸손으로 섬김을 실천해야 한다.

다섯째, '상대방의 필요를 지향하는 섬김의 적절성'이 요구된다. 아브라함의 섬김은 단순한 호의가 아니라 상대방의 필요를 세심하게 고려한 섬김이었다. 그는 나그네를 대접하면서 그들이 가장 필요로 하는 것을 채워 주었다. 당시 광야를 지나가는 나그네들에게 가장 절실한 것은 물과 음식이었다. 아브라함은 그들의 상태를 살피고 물과 떡을 준비한 후 가장 좋은 송아지를 잡아 극진히 대접했다. 이는 단순한 의무감에서 비롯된 것이 아니라 상대방이 진정으로 필요로 하는 것을 섬기려는 마음에서 우러나온 결과다. 우리의 섬김도 상대방이 필요로 하는 것을 채워 주는 섬김이 되어야 한다.

여섯째, '넘치는 섬김'을 실천해야 한다(창 18:4-6). 아브라함의 섬김은 최소한의 나눔에 그치지 않았다. 그는 기대 이상으로 베푸는 넉넉한 섬김을 실천했다. 처음에는 "물을 조금 가져오게 하사 당신들의 발을 씻으시고 나무 아래에서 쉬소서"

라고 말했지만, 곧이어 떡을 만들고 가장 좋은 송아지를 잡아 정성껏 대접했다. 그의 섬김은 단순한 환대가 아니라 마음과 정성을 다한 헌신이었다. 그는 섬김의 대상을 존귀하게 여기고 부족함이 없도록 배려했다. 우리도 적당히가 아니라 기쁨으로 넘치도록 베풀고 섬겨야 한다.

일곱째, '응답의 통로가 되는 섬김'을 실천해야 한다(창 18:10). 아브라함은 지나가는 나그네를 대접하는 섬김을 통해 부지중에 하나님을 섬기게 되었다(히 13:1-2). 이 섬김 이후에 하나님은 아브라함에게 내년 이맘때 아들이 태어날 것이라는 약속을 주셨다. 그리고 그 말씀대로, 아브라함은 백 세가 되던 해에 이삭을 품에 안게 되었다. 이처럼 섬김은 하나님으로부터 받은 약속이 성취되는 기회다. 섬김은 단순한 행위가 아니라 하나님의 축복이 임하는 통로인 것이다.

> 주라 그리하면 너희에게 줄 것이니 곧 후히 되어 누르고 흔들어 넘치도록 하여 너희에게 안겨 주리라… 눅 6:38

오늘날 우리 삶 속에서도 우리가 섬기는 사람, 축복하는 사람, 사랑하는 사람을 통해 하나님의 형통이 흘러간다. 우리는 내 곁에 있는 사람, 내가 마주치는 모든 사람을 아브라함과 같은 마음으로 섬기며 축복해야 한다. 이것이 바로 예수님의 마음이다. 예수님이 낮은 자리로 오셔서 우리를 섬기셨듯이, 우리도 그 마음으로 일상 가운데 섬김을 실천해야 한다.

형통

Chapter 7

형통은 기도다

시대적으로 하나님께 존귀하게 쓰임 받은 사람들의 공통점은 바로 '기도하는 사람'이었다는 것이다. 약 2억 명의 수많은 영혼에게 복음을 전했던 빌리 그레이엄(Billy Graham) 목사는 기도의 중요성을 설파하면서, "기도는 아침을 여는 열쇠요, 저녁을 닫는 자물쇠다"라고 말했다. 기도는 우리의 하루를 열어 하나님의 인도하심을 구하는 통로이며, 하나님이 허락하신 새로운 하루의 은혜를 지켜 내는 방패다. 기도를 통해 우리는 하나님의 전능하심을 경험하게 된다.

성경 속 위대한 기도의 사람들

이스라엘은 강성한 암몬 족속의 침공을 받았다. 백성들은 절박한 심정으로 외교적 타협을 시도하였으나, 암몬은 이를 단호히 거절하였다. 절체절명의 위기에 처한 이스라엘 백성들은 그제야 하나님의 사람인 사무엘을 찾아와 구원을 간청한다. 이러한 위기 속에서 사무엘은 기도를 쉬는 죄를 범하지 않겠노라고 선포한다. 그 이유가 무엇일까. '위기는 바로 기도하지 않는 데서 온다는 것'을 알았기 때문이다.

위기를 돌파하는 일은 기도로부터 시작된다. 사무엘은 기도의 사람이자 믿음의 사람이었다. 그런 그는 난제를 해결하는 유일한 길이 기도라는 것을 깨달았다. 기도는 단순한 신앙의 행위가 아니라 하나님이 우리의 삶을 형통케 하시는 하늘의 법칙이다.

사무엘은 어려서부터 기도의 사람이었다. 그의 어머니 한나는 오랫동안 아이를 갖지 못하다가, 성전에서 간절한 기도로 하나님의 응답을 받아 사무엘을 낳았다. 사무엘은 어머니 한나의 서원대로 성전에 맡겨져 나이 많은 엘리 대제사장의 수발을 들며 자라났다. 어린 사무엘이 성전에서 할 수 있었던 가장 중요한 일은 기도였다. 그는 기도의 자리에서 하나님의 음성을 들었으며, 그 부르심에 순종하여 이스라엘의 사사이자 선지자로 세워졌다.

성경에는 사무엘 말고도 위대한 기도의 사람들이 등장한다. 그중 다니엘은 하루에 세 번씩 예루살렘 성전을 향하여 간절히 기도했다. 그는 기도의 가치를 생명보다도 소중히 여겼다. 바벨론의 왕이 기도를 금하는 칙령을 내렸을 때도 그는 창문을 열고 하나님께 기도하기를 멈추지 않았다. 결국 다니엘은 사자 굴에 던져졌으나, 하나님이 그의 기도를 들으시고 사자들의 입을 막아 머리카락 하나 상하지 않게 지켜 주셨다.

다윗의 생애를 보더라도 기도는 그의 삶을 지탱하는 힘이었다. 그는 어린 목동 시절부터 하나님께 부르짖었으며, 삶의 고비마다 기도로 나아갔다. 그가 블레셋의 거인 장수 골리앗과 맞섰을 때, 그의 손에 있던 것은 단지 다섯 개의 물맷돌뿐이었다. 반면 골리앗은 머리부터 발끝까지 갑옷과 투구, 방패로 무장한 장수였다. 다윗은 인간적인 무력에 의존하지 않고, 하나님을 신뢰하며 나아갔다. 결국, 하나님은 그의 손에 들린 작은 물맷돌 하나로 골리앗을 쓰러뜨리셨다. 다윗의 시편을 살펴보면, 그의 기도는 대부분 간절한 부르짖음이었다. 다윗은 기도를 통해 하나님과 깊은 관계를 유지했다. 그의 삶의 모든 승리는 기도로부터 비롯되었다.

에스더 역시 기도로 형통을 경험한 인물이다. 이스라엘 민족이 몰살될 위기에 처하자, 그녀는 왕후의 권세를 의지하지 않고 하나님 앞에 나아가 기도로 간구했다. '죽으면 죽으리라'라는 각오로 3일 동안 금식하며 하나님께 간구한 후 왕 앞에 나아갔고, 결국 이스라엘 민족을 구했다.

오늘날에도 하나님의 기적은 여전히 기도하는 사람, 기도하는 공동체, 기도하는 민족을 통해 일어나고 있다. 기도하는 사람은 결코 두려움에 사로잡히지 않는다. 기도하지 않는 사람은 위기 앞에서 비굴하게 행동하며 쉽게 좌절하지만, 기도하는 사람은 하나님이 함께하신다는 확신으로 용기 있게 행동한다. 기도는 하나님이 우리의 삶을 주관하심을 믿는 표현이며, 형통의 문을 여는 가장 강력한 열쇠다.

기도가 사라질 때 변질되는 인간

기도 시간은 하나님 나라의 것으로 우리의 마음을 채우는 거룩한 시간이다. 기도할 때 하나님의 은혜와 능력이 우리의 심령과 육체에 부어지며, 하늘의 지혜와 평강이 임한다. 그런데 왜 사람들은 기도하지 못하는 것일까. 인간의 타락한 본성이 기도를 방해하기 때문이다.

아담과 하와 이후, 인간은 하나님을 의지하기보다 자신의 힘으로 살아가려는 성향을 가지게 되었다. 기도 없이도 살 수 있다고 착각하는 순간, 영혼은 점차 하나님으로부터 멀어지고 육신의 본성이 삶을 지배하게 된다. 기도를 멈춘 순간부터 인간은 시기와 질투, 미움과 불안, 염려와 탐욕에 쉽게 사로잡히게 된다.

기도를 상실한 인간의 삶에는 반드시 비극이 찾아온다. 하나님의 택함을 받은 자들이었어도 기도를 잃어버리는 바람에 살인을 비롯한 온갖 죄로 빠져드는 사례를 성경에서 확인할 수 있다. 인류의 비극은 언제나 하나님에게 등을 돌리면서부터 시작되었다.

기도하는 이스라엘은 승리하였지만, 기도를 잃어버린 이스라엘은 두려움과 염려와 불안감에 사로잡혔다. 기도의 자리를 떠나면 하나님의 능력을 경험하지 못할 뿐만 아니라 삶의 주도권을 빼앗기고 외적인 환경에 흔들리는 존재로 전락하게 된다.

이스라엘 백성들은 애굽에서 430년 동안 종살이를 했고, 출애굽 후 광야 생활을 거쳐 여호수아 시대에 이르러 30년 동안 가나안 정복 전쟁을 치렀다. 그 긴 여정 동안 한 평의 땅도 소유하지 못했던 그들이 가나안 정복 이후 100년이 지나자 기도를 멈추고 영적으로 나태해지면서 자신들이 쫓아냈던 이방 민족들의 침략을 받는 처지가 되었다.

선교학적인 통계에 따르면, 국민 소득이 1만 달러를 넘어가면 어느 나라든지 교회의 성장이 멈춘다고 한다. 경제적 안정이 오면 신앙의 긴장감이 풀어지고, 기도의 자리에서 멀어지게 된다는 것이다. 당시 이스라엘 백성도 마찬가지였다. 그들은 하나님이 주신 축복으로 풍요로운 삶을 누렸지만, 배부르고 등 따뜻한 삶 속에서 하나님을 떠나고 말았다.

오늘날 유럽의 많은 교회가 문을 닫고 있는 현실도 이와 별반 다르지 않다. 식당은 활기찬 대화로 가득하지만, 예배당에는 기도의 소리가 들리지 않는다. 기도 소리가 사라진 곳에서는 결국 신앙도 약화되고, 교회도 쇠락하게 되는 것이다.

기도 없이 이루어진 성공은 모래 위에 지은 집 같아서 결국 무너질 수밖에 없다. 기도가 사라진 자리에는 어둠이 찾아오고, 빛은 힘을 잃게 된다. 그러나 기도가 살아 있는 곳에는 하나님의 빛이 임하며 어둠을 물리치는 영적 능력이 나타난다. 우리는 어떠한 상황에서도 기도를 포기하지 말아야 하며, 시험과 위기 앞에서는 오히려 더욱 깨어 기도해야 한다. 예수님이 기도로 승리하셨듯 우리 또한 인생의 모든 도전과 어려움 앞에서 붙잡은 기도의 끈을 놓지 말아야 한다.

기도를 통해 회복되는 리더십과 능력

기도는 하나님과의 끊임없는 대화이며, 우리의 영혼을 깨우는 능력이다. 하나님을 신뢰하고 기도하는 사람은 어떤 상황에서도 흔들리지 않는다. 기도의 자리를 사수하고 하나님께 부르짖을 때, 하나님이 우리 삶을 이끌어 가시고 형통의 길로 인도하신다. 기도가 있을 때는 하나님이 우리를 위해 싸우신다.

기도하는 사람은 능력 있는 삶을 살아간다. 나 역시 바쁜 일정 속에서도 매일 기도의 힘을 절실히 체험하고 있다. 기도를 통해 사람의 마음이 열리고, 막혔던 상황이 무너지는 놀라운 일들을 경험하며 하나님이 역사하신다는 것을 더욱 깊이 깨닫고 있다. 인간의 노력만으로는 결코 열리지 않는 마음과 상황이 기도를 통해 변화할 수 있음을 믿는다.

무엇보다 기도를 회복하면 하나님은 우리에게 사람을 다스릴 수 있는 리더십을 부어 주신다. 하나님은 기도하는 자에게 공동체를 이끌고 나라를 움직이는 강력한 리더십을 허락하신다. 진정한 리더는 사람의 마음을 움직이는 자이며, 그 능력은 오직 기도를 통해 하나님이 주시는 것이다. 기도하는 자에게 성령의 능력이 임하면, 그 능력은 곧 담대함이 된다. 기도를 통해 성령의 충만함을 받을 때 우리는 세상 한복판에서 주님의 증인으로 살아갈 수 있다(행 1:8).

이스라엘 백성들은 블레셋과의 전투에 앞서 미스바에서 함께 모여 금식하며 기도했다(삼상 7:10). 사무엘은 이스라엘 백성들에게 하나님 앞에서 회개하고 기도하라 명하였고, 그들이 전심으로 하나님께 부르짖을 때 하나님은 우레를 발하여 블레셋을 혼란에 빠뜨리셨다. 그 결과, 이스라엘은 블레셋과의 전투에서 완벽한 승리를 거두었다. 이스라엘은 승리에 이르기까지 하나님이 전적으로 도우셨음을 기억하기 위해 '에벤에셀'이라는 기념비를 세웠다. 이처럼 기도의 힘을 경험한 사람들은 하나님이 역사하신다는 것을 결코 잊지 말아야 한다. 기도할 때 하나님은 전쟁에서 승리를 주시고, 불가능한 상황을 가능하게 만드신다(삼상 7:5, 10).

모든 것을 푸는 하나님과의 화목

하나님과의 관계가 회복되면 사람과의 관계도 회복되고, 환경도 자연스럽게 변화한다. 기도는 하나님과 우리 사이를 연결하는 강력한 끈이다. 전능하신 하나님의 능력은 바로 기도하는 사람, 기도하는 공동체, 기도하는 나라와 민족에게 역사한다. "네 입을 크게 열라 내가 채우리라"(시 81:10)라는 말씀은 하나님이 우리의 기도를 들으시고, 필요를 채우시겠다는 확실한 약속이다. 하나님의 능력은 불리한 상황을 역전시킨다. 기도는 단순한 종교적 의무가 아니라 이러한 하나님의 능력을 작동시키는 통로다.

야곱은 속임수를 써서 형 에서의 장자권을 빼앗은 후 형의 분노를 피해 도망자의 삶을 살았다. 그는 고향을 떠나 외삼촌 라반의 집에서 무려 20년을 보냈지만, 형이 언젠가는 보복할 것이라는 두려움이 늘 따라다녔다. 마침내 그는 집으로 돌아가기를 결심하고 전령을 보내 형 에서의 반응을 살폈다. 그러나 돌아온 소식은 예상보다 훨씬 더 충격적이었다. 에서가 400명의 군사를 이끌고 자신을 향해 오고 있다는 것이었다. 야곱은 이 절체절명의 위기를 자신의 꾀와 힘으로는 절대로 해결할 수 없다는 것을 깨닫는다.

그제야 야곱은 하나님 앞에 나아가 전심으로 기도를 시작한다. 야곱의 기도는 먼지를 일으킬 정도로 몸싸움을 벌이듯 하나님을 붙들고 간절히 부르짖는 기도였다. 하나님은 결국 새벽까지 이어진 야곱의 간절한 기도에 응답하셨다. 야곱의 허벅지 관절을 쳐 어긋나게 하시고, 그의 이름을 '이스라엘'로 바꾸어 주셨다.

이를 통해 야곱의 성향은 근본적으로 바뀌게 되었다. 다음 날 형을 만나러 가는 야곱은 전과는 완전히 다른 모습이었다. 야곱은 하나님이 주시는 담대함으로 에서 앞에 나아가 용서를 구했다. 두려움과 불안과 염려가 떠나간 것이다.

기도는 단순한 행위가 아니다. 그것은 삶의 방향을 바꾸고, 사람을 변화시키며, 닫힌 문을 여는 능력이다. 기도 없이 이루어진 성공은 언젠가 무너질 수 있지만, 기도로 열린 길은 하나님이 끝까지 지키고 인도하신다. 또한 기도하면 사람이 바뀐다. 하지만 기도하지 않으면 아무리 좋은 조건을 가졌다 해도 결국 의기소침해지고 불안과 두려움에 사로잡히게 된다. 그러나 기도하면 두려울 것이 없다.

기도하기 전과 후의 야곱은 완전히 다른 모습이었다. 원래 야곱은 자기중심적이고 이기적인 사람이었다. 형 에서를 피해 도망치면서 가족들마저도 방패로 내세울 정도로 자기 보호적인 인물이었다. 그러나 얍복 나루에서 하나님과 씨름한 후 그는 완전히 새로운 사람이 되었다.

기도는 하나님과의 관계를 회복하는 가장 강력한 도구다. 하나님과의 관계가 풀리면 사람과의 관계도 풀리고, 환경도 변화된다. 관계가 풀리는 것이 곧 형통인 것이다. 기도하지 않으면 열린 것 같아도 닫히게 되고, 기도하면 닫힌 것 같아도 결국에는 열린다. 그러므로 불가능해 보이는 상황 속에서도 기도하는 사람은 결국 형통의 길을 걷게 된다.

기도하는 교회는 무너지지 않으며, 기도하는 사람은 실패하지 않는다. 기도하는 공동체는 하나님의 능력을 경험하게 된다. 이처럼 우리가 기도의 사람이 될 때 형통의 축복이 임한다.

Part 3.

삶의 방향과 목적을
잃었을 때

Chapter 8

형통은 기다림이다

기다림은 인간의 연약함이 가장 잘 드러나는 영역이다. 인간은 과거와 현재라는 시간의 한계 속에 갇혀 있으며, 미래는 여전히 미지의 영역이다. 미래는 하나님께 속한 시간이기에 인간의 시야로는 그 결과를 예측할 수 없다. 그렇기에 인간은 기다림 앞에서 불안하고 초조하며 때로는 두려움에 사로잡힌다.

만약 미래의 결과를 미리 알 수 있다면, 우리는 불안에서 벗어나 평안 가운데 현재의 삶을 누리며 살 수 있을지 모른다. 그러나 하나님은 모든 것을 미리 보여 주지 않으시기에, 우리는 믿음으로 기다리는 법을 배워야 한다.

오래 참음에서 증명되는 사랑

대한민국은 과거의 험난한 역사와 초고속 경제 성장을 겪으며 세계적인 기술 강국으로 자리 잡았다. 한국은 새로운 기술과 문화를 가장 빠르게 받아들이고, 전 세계에서도 기술과 문화의 시험대 역할을 하고 있다. 그러나 그만큼 우리는 인내와 기다림에 있어 약해졌다. 사람은 실수할 수 있고 시간이 필요한 일들이 있음에도 불구하고, 우리는 여유를 갖지 못하고 타인의 실수를 관용하는 데 인색하게 되었다.

신앙은 삶의 현실과 결부될 때 결코 단순하지 않다. 삶 속에서 하나님을 잘 믿는다고 해서 항상 형통하거나, 악인은 언제나 망한다는 식의 단순한 이분법으로 설명할 수 없기 때문이다. 하나님을 잘 믿는 사람들에게도 많은 기다림과 고통의 시간이 존재한다. 그렇기에 우리의 신앙이 성숙하기 위해서는 기다림을 배워야 하며, 이를 위해 하나님이 어떤 분인지를 깊이 깨달아야 한다.

하나님은 기다림에 매우 익숙하신 분이며, 기다림 속에서 우리를 성숙의 길로 이끄시는 분이다. 누가복음 15장에 등장하는 '탕자의 비유'를 통해 우리는 오래 기다리시는 하나님의 모습을 볼 수 있다. 아버지는 탕자 아들이 떠난 그날부터 돌아오는 날까지 기다린다. 아들을 기다리는 아버지의 모습은 하나님의 사랑을 여실히 보여 준다.

기다림은 곧 사랑이다. 하나님은 우리가 잘못된 길을 갈 때도, 실수하고 넘어질 때도 기다려 주신다. 단지 우리의 회개를 기다리시는 것이 아니라, 우리가 온전히 하나님께 돌아와 구원받기를 간절히 바라며 참아 주시는 것이다(벧후 3:9).

사랑은 기다림을 통해 증명된다. 사랑이 없는 기다림은 짜증과 불평으로 변하지만, 사랑이 담긴 기다림은 인내와 소망을 만들어 낸다. 하나님의 기다림은 언제나 사랑이 동반된다. 우리가 죄를 지을 때마다 하나님이 기다려 주시지 않았다면 우리는 이미 오래전에 심판을 받았을 것이다. 그러나 하나님은 우리의 회개를 기다려 주셨고, 그 기다림 덕분에 우리는 오늘도 예배의 자리로 나아올 수 있다.

기다림은 가정에서도 실현되어야 한다. 부부는 서로 참아주어야 한다. 배우자가 오랜 시간 변화가 없다 해도 기다려주어야 한다. 우리는 종종 오랜 세월 함께 살아온 부부가 서로 외모까지도 닮아 간다는 이야기를 듣는다. 그 이유는 오랜 시간 상대방을 바라보며 기다려 주는 사랑이 서로를 변화시키기 때문이다. 참아 주고 기다려 준 사랑의 모습이 상대방의 삶에 그대로 반영되기 때문이다. 결국, 우리는 우리가 바라보는 대상을 닮아 가게 되는 것이다.

우리가 사랑하는 사람을 바라보며 닮아 가듯이, 항상 예수님을 바라보는 사람은 결국 예수님을 닮아 가게 된다(히 12:2). 기다림은 그 자체로 사랑이며, 하나님이 우리를 기다려 주신 것도 하나님의 사랑 때문이다.

코앞만 보고 불안해하는 인간의 한계

우리가 기다림에 약한 근본적인 이유는 시야가 너무 좁기 때문이다. 하나님은 과거와 현재와 미래, 그리고 영원까지 동시에 바라보시는 분이다. 하지만 우리는 오직 현재 상황만을 볼 수 있다. 그래서 종종 현실의 문제나 어려움 앞에서 불안해하는 것이다. 하나님이 눈을 열어 주시지 않는다면, 인간의 눈으로는 하나님의 계획과 뜻을 결코 알 수 없다. 성령이 임할 때 우리의 시야가 열리는 것이다(욜 2:28-29). 이는 곧 하나님의 시야를 갖게 된다는 의미다.

영적인 눈이 열렸던 갈렙은 85세의 나이에도 전장에서 가장 앞장서서 싸웠고, 결국 헤브론 땅을 정복하는 꿈을 꾸었다. 그에게 나이는 숫자에 불과했다. 반대로, 영적인 시야를 가지지 못한 사람의 대표적인 예로 야곱의 쌍둥이 형제인 에서를 들 수 있다. 에서는 여러 탁월한 능력이 있었지만 안타깝게도 눈앞의 현실과 욕망에만 집중한 나머지 당장의 배고픔을 참지 못해 팥죽 한 그릇에 장자의 명분을 팔아 버렸다.

열 명이나 되는 요셉의 형들 또한 인간의 시야가 가진 한계를 잘 보여 준다. 그들은 요셉이 훗날 세계를 경영하는 인물이 될 것이라는 하나님의 계획을 전혀 알지 못했다. 오히려 요셉을 질투하고 미워하여 그를 상인들에게 팔아 버렸다. 만약 하나님이 요셉을 통해 이루실 큰일을 그들이 볼 수 있었다면 그들은 결코 그런 선택을 하지 않았을 것이다.

우리는 육의 눈이 아닌 영의 눈을 가져야 한다. 이 세상에서 주어진 잠깐의 시간만을 볼 것이 아니라 하나님이 바라보시는 영원한 관점에서 우리의 삶을 해석해야 한다. 우리의 시야는 한정적이지만, 성령의 도우심을 받으면 우리는 하나님의 큰 그림을 볼 수 있는 은혜를 누리게 된다. 성경에서 하나님의 역사 속에 쓰임 받았던 위대한 인물들은 결코 눈앞의 현실에만 매몰되지 않았다. 그들은 항상 미래를 바라보았고, 영원의 시야를 가지고 믿음의 길을 걸어갔다. 우리도 하나님의 시야로 현재를 넘어 미래와 영원을 바라보며 살아가야 한다.

하나님의 시간 속에서 비로소 보이는 것

사랑하는 자들아 주께는 하루가 천 년 같고 천 년이 하루 같다
는 이 한 가지를 잊지 말라 벧후 3:8

인간에게 주어진 시간은 분명히 유한하고 제한적이다. 인생은 짧고, 우리의 시계는 분초 단위로 돌아간다. 반면 하나님의 시간은 영원 속에 존재하며 무한하다. 우리가 천 년이라는 긴 시간을 생각할 때, 그 시간이 끝없는 기다림으로 느껴질 수 있다. 그러나 하나님은 천 년이 하루처럼 짧을 수 있다. 반대로 인간에게는 하루처럼 짧은 시간이 하나님에게는 천 년의 역사처럼 많은 일을 이루시는 시간이 되기도 한다. 하나님은 짧은 시간 안에 큰일을 이루시기도 하고, 오랜 시간이 지나서야 열매를 맺게도 하신다.

우리는 종종 우리의 시간표에 맞춰 하나님께 응답을 구하고 자신의 계획대로 이루어지기를 기대한다. 그러나 중요한 것은 우리가 하나님의 시간 속으로 들어가야 한다는 것이다. 하나님의 시간은 우리의 시간과 다르다. 그렇기에 어떤 일은 우리의 기대와 다른 방향, 다른 속도로 이루어지기도 한다.

어느 날 나는 집회를 인도하기 위해 급히 이동하려고 식사

도 거른 채 서둘러 출발했지만, 교통신호에 걸려 발을 동동 구르고 있었다. 앞차가 조금만 더 빨리 움직였다면 교차로를 통과할 수 있었을 텐데, 늦게 움직이는 바람에 신호를 다시 기다려야 했다. 그러나 신호가 바뀌어 다시 출발했을 때 내 앞의 차가 다음 교차로에서 사고를 당한 것을 보게 되었다. 내가 앞차를 무리하게 따라갔다면 오히려 내가 사고를 당할 수도 있었을 것이다. 우리는 조급해하기보다는 하나님의 시간 속에서 기다림을 받아들이고 그 의미를 깨달아야 한다.

우리 삶에는 내가 원치 않는 일들이 찾아오기도 하고, 그로 인해 고통스러운 시간을 겪기도 한다. 그러나 이러한 시간조차도 하나님의 시간 속에서 해석될 때, 우리는 그 안에서 새로운 의미를 발견할 수 있다. 하나님은 때로는 빠르게 역사하시기도 하지만, 어떤 상황에서는 느긋하게 기다리게도 하신다. 그 기다림의 시간 속에서 우리는 성숙해지고, 하나님의 뜻을 더 깊이 깨닫게 된다. 기다림은 사랑의 표현일 뿐 아니라, 우리의 신앙을 성숙하게 만드는 하나님의 선물이다.

기다릴 때 이르는 성숙의 단계

기다림의 시간을 통해 우리는 성숙으로 인도된다. 기다림은 단순히 시간을 보내는 행위가 아니다. 기다림은 우리의 영혼을 연단하고, 성품을 성숙하게 하는, 하나님의 깊은 계획이 담긴 과정이다(롬 5:3-4). 하나님이 허락하신 연단, 곧 혹독한 시련을 통과하는 동안 우리는 내적 성숙함에 이르게 되며, 예수 그리스도를 닮은 성품으로 변화되어 간다.

하나님의 위대한 인물들은 기다림이라는 연단을 통해 쓰임 받았다. 모세는 40년간 광야에서 하나님께 쓰임 받을 준비를 했다. 다윗은 사울 왕의 시기심에서 비롯된 공격을 피해 10년 동안이나 광야에서 도망자 생활을 하며 하나님의 시간 속에서 인내를 배웠다. 다니엘은 바벨론 포로 생활 속에서도 하나님을 바라보며 기도의 자리를 지켰다. 요셉은 22년의 긴 기다림 끝에 애굽의 총리가 되어 형제들과 아버지 야곱을 만났다. 이들은 모두 기다림의 시간을 통해 인격의 성숙과 리더십을 갖추었다. 하나님이 허락하신 혹독한 시련을 견뎌 내는 과정을 통하여 우리의 내면은 강하게 단련되고, 결국 예수님을 닮은 인격으로 변화되어 가는 것이다.

다윗은 "내가 여호와를 기다리고 기다렸더니"(시 40:1)라고 고백한다. 다윗은 자신의 기다림이 짧지 않았음을, 긴 시간 동안 하나님께 부르짖으며 참고 또 참았음을 고백하고 있는 것이다. 다윗의 삶을 돌아보면 그의 기다림은 깊은 영적 훈련의 시간이었다. 다윗은 15세 정도의 나이에 사무엘 선지자로부터 왕으로 기름 부음을 받고, 골리앗을 물리치며 이스라엘의 영웅이 되어 백성들로부터 크게 칭송을 받았다(삼상 18:7). 그 후 사울의 사위가 되고 전쟁터에서 많은 공을 세웠으나, 사울의 질투로 인한 끊임없는 추격을 피해 10년 동안 광야를 전전해야 했다.

다윗은 광야 생활 중 무려 열여섯 차례나 거처를 옮겨야 했다. 그의 삶은 불안정했고, 언제 어디서 사울의 군대가 들이닥칠지 모르는 위태로운 시간이었다. 그러나 이러한 기다림의 시간을 통해 하나님은 다윗의 인내심을 단련하시고, 그의 영적 근육을 단단하게 만드셨다.

하나님은 다윗을 "내 마음에 맞는 사람"(행 13:22)이라고 인정하셨다. 그러나 다윗의 삶에는 설명되지 않는 고난과 고통의 시간도 있었다. 그는 "나를 기가 막힐 웅덩이와 수렁에서 끌어올리시고"(시 40:2)라고 고백하며, 자신이 이성적으로는 설명되지 않는 고난의 시간을 지나왔음을 고백한다. 믿음의 의인이라 할지라도 삶의 여정 속에서 도무지 이해할 수 없는 고난을 경험할 때가 있는 것이다.

다윗은 광야 생활 중에 '떠돌이 인생들'을 만난다. 그들은 다윗의 도피 생활에 적지 않은 장애 요인이 되는 사람들이었다. 그러나 하나님은 다윗 주변에 오히려 세상에서 외면받고 고립된 사람들을 보내셨다.

다윗은 자신도 어려운 상황에 처해 있었음에도 이렇게 오갈 데 없는 인생들을 거절하지 않았다. 그렇게 다윗을 따르는 사람이 400명이 되더니 나중엔 600명까지 늘어났다. 인간의 눈으로 보기에는 보잘것없고 무능해 보이는 사람들이었으나 하나님이 보시기에는 보석의 원석과 같은 존재들이었다. 다윗이 큰마음으로 이들을 품어 줬을 때 보잘것없던 이들은 훗날 큰 용사로 거듭나게 되었고, 결국 다윗이 왕위에 오를 때 이들은 다윗에게 큰 도움이 되는 조력자들이 되었다.

하나님은 심은 대로 거두게 하시는 분이다. 다윗은 하나님의 놀라운 계획을 모르는 상황 속에서 완전히 알 수 없었다. 그러나 그는 하나님을 신뢰하며 인내의 시간을 보냈고, 그 기다림은 결국 반석 위에 서는 은혜로 이어졌다.

기다림 끝에서 마침내 일어난 반전

성경 속 많은 인물은 하나님의 약속을 붙들며 기다렸다. 그 기다림 속에서 반전 드라마 같은 놀라운 하나님의 은혜를 경험했다. 아브라함은 75세에 신앙의 여정을 시작하였고, 100세에 약속의 자녀 이삭을 낳았다. 이삭은 40세에 리브가와 결혼하여 20년의 기다림 끝에 60의 나이로 쌍둥이 아들 에서와 야곱을 얻었다. 야곱은 20년의 머슴살이를 인내하다가 '이스라엘'이라는 이름을 받았다. 요셉은 아버지와 생이별 후 22년의 기다림 끝에 재회했다. 이스라엘 민족은 나라를 잃었으나 하나님의 약속대로 70년 만에 고국으로 귀환했다.

우리 생각으로는 이해되지 않는 기다림의 시간이지만, 하나님은 모든 것을 합력하여 선을 이루신다(롬 8:28). 우리의 힘으로는 그 길고 긴 기다림의 시간을 이겨 낼 수 없지만, 하나님의 은혜가 임할 때 우리는 기다림 속에서 인내할 수 있다. 다윗은 긴 기다림의 시간 동안 하나님이 "새 노래를 내 입술에 주셨다"(시 40:3)라고 고백한다. 이 '새 노래'는 단순한 노래가 아니라 고난의 시간을 통과하며 하나님의 은혜를 통해 경험한 회복에 대한 고백이다.

형통의 비결은 기다림에 있다. 성령의 아홉 가지 열매 중

하나인 '오래 참음'도 기다림의 시간을 통해 우리에게 열매로 맺히는 것이다. 하나님이 우리에게 은혜를 주시면 어떤 상황에서도 소망의 끈을 놓지 않고, 기도하면서 하나님의 때를 기다릴 수 있다. 만약 삶 속에서 이해되지 않는 기다림이 찾아올 때 감사하고 찬양하며 참아 낼 수 있는 은혜를 허락해 달라고 기도할 수 있어야 한다. 형통의 삶에는 반드시 기다림이 필요하기 때문이다.

Chapter 9

형통은 희생이다

사람은 누구나 형통하기를 원하고, 자신이 속한 공동체와 조직 또한 형통하기를 원한다. 형통은 쉬운 길, 평탄한 길이 아니다. 막힌 길이 뚫리고, 길이 없는 곳에 길을 만드는 것이다. 성경은 개인과 가정, 국가와 민족의 형통을 이루는 원리를 분명하게 제시하고 있고, 우리 모두 이 형통의 원리를 배우고 삶에 적용하기를 소망하고 있다.

저절로 주어지지 않는 형통과 축복

지금으로부터 106년 전인 1919년, 일제의 억압 속에서 한 민족의 자주와 독립을 선언하며 세계를 향해 우리의 자주권을 외쳤던 것이 3·1 운동이다. 전국적으로 약 202만 명이 독립 만세 운동에 참여했으며, 이는 당시 인구의 약 12퍼센트에 해당한다.

그런데 3·1 운동을 주도한 민족대표 33인 중에서 무려 열여섯 명이 기독교인이었다. 그들의 이름은 이승훈, 박희도, 이갑성, 오화영, 최성모, 이필주, 김창준, 신석구, 박동완, 신홍식, 양전백, 이명룡, 길선주, 유여대, 김병조, 정춘수다. 신앙을 바탕으로 민족의 독립을 위해 헌신했던 자랑스러운 이름들이다.

당시 한국 기독교인의 비율은 약 1.5퍼센트에 불과했지만, 독립을 위해 매우 중요한 역할을 했다. 우리 '믿음의 선조'들은 분명한 민족의식과 역사의식을 갖고 있었으며, 시대를 앞서가는 선각자로서 이 나라와 민족을 위한 등불 역할을 했다. 그러나 3·1 운동 이후 가장 큰 박해를 받은 사람들 또한 기독교인들이었다. 일제는 교회를 적대시하며 극심한 탄압을 가했다. 만세 운동에 참여한 마을에서 일본 경찰과 헌병들은 유독 기독교인들만 체포해 구타하고 모욕하며 가혹하게 처벌했다.

1919년, 미국 기독교 연합회 동양문제연구위원회는 "예수교인만이 참혹한 식민정책에서 해방의 소망을 포기하지 않았던 유일한 한국인 집단이다"라고 보고했다. 이는 3·1 운동과 한국 교회의 깊은 연관성을 보여 주는 중요한 역사적 기록이다.

하나님은 공평하시며, 사랑이시다. 하나님은 우리 모두의 삶을 향해 형통을 계획하셨다. 하나님은 실수하지 않으시는 분이다. 그래서 하나님이 창조하신 우리의 인생을 향한 계획은 선하고 아름답다. 문제는 그 계획을 이루어 가는 우리의 삶의 태도와 의지에 따라 결과가 달라진다는 점이다.

어린 시절, 내가 골목길을 지나갈 때면 동네 아주머니들은 벼나 콩을 말리다가도 나를 보고 "기용이 불쌍해서 어쩌나"라며 안타까워했다. 아버지 없이 자라는 내 환경을 늘 불쌍하고 걱정스럽게 바라본 것이다. 그러나 나는 나 자신을 불쌍하게 생각하지 않았다. 내 안에 믿음이 들어오면서 오히려 나에겐 형통한 삶을 살고 싶다는 간절함이 생겼다. 매일 불쌍하다는 말을 들었지만, 하나님을 믿으면서 나도 형통한 삶을 살 수 있다는 것을 보여 주고 싶었다.

형통의 원리를 기도로 구하면서 깨달은 것이 있다. 형통은 단순히 모든 일이 잘 풀리는 것만을 의미하지 않는다는 사실이다. 사람들은 대부분 쉬운 길을 원한다. 하지만 성경은 우리에게 쉬운 길을 가라고 말씀하지 않는다.

형통은 가야 할 길이 열리는 것이다. 형통한 삶이란, 막힌

담을 허물고 길이 없는 곳에 길을 만드는 삶이다. 이러한 삶을 살기 위해서는 하나님이 일하시는 방법에 주목해야 한다. 하나님은 공평하고 좋으신 분이라는 것을 신뢰하며 살아가야 한다.

희생을 통해 형통의 길을 여시는 하나님

하나님은 모든 인류의 죄의 문제를 해결하시기 위해 독생자 예수 그리스도를 희생 제물로 삼으셨다. 아담과 하와의 타락으로 모든 사람은 하나님께 나아가는 길이 막히게 되었지만, 2천여 년 전 십자가 위에서 예수께서 고난을 받고 운명하실 때 성소 휘장이 찢어졌고 이로써 하나님과 인간 사이를 가로막고 있던 장벽이 허물어졌다. 예수님의 몸이 찢기는 순간 하나님께로 나아가는 길이 열린 것이다.

이처럼 막혀 있던 구원의 길을 열기 위한 하나님의 방법은 '희생'이었다. 예수님의 희생이 없었다면 우리는 여전히 죄의 담을 사이에 두고 하나님과 단절된 삶을 살았을 것이다. 하지만 예수님이 자신의 생명을 내주심으로 우리는 하나님과 화목하게 되었고, 구원의 길이 활짝 열리게 되었다. 죄인이었던 우리가 이제 예수 그리스도의 피 흘림의 희생으로 언제든지 하나님 앞에 나아갈 수 있는 당당함과 자신감을 가질 수 있게 된 것이다(히 10:19-20).

예수님이 십자가에서 희생하신 것처럼 우리도 삶의 자리에서 희생하며 살아갈 때 하나님이 형통의 길을 열어 주신다. 예수님도 "주라 그리하면 너희에게 줄 것이니 곧 후히 되어 누르고 흔들어 넘치도록 하여 너희에게 안겨 주리라"(눅 6:38)라고 말씀하셨다.

어린 시절, 내가 살던 동네에는 어린 나이에 동냥을 하러 다니는 거지들이 많았다. 우리 집에도 동냥하러 오는 아이들이 있었는데, 나는 그 아이들을 몰래 집 안으로 들여서 밥을 먹이고 목욕도 시켜 주었다. 나는 하나님을 믿게 된 후로 이처럼 사랑을 심고 섬기려 애쓰며 살아왔다. 하나님이 이러한 노력을 보시고 나를 지금까지 선한 길로 인도해 주셨다고 믿는다.

예수님은 모든 민족을 제자로 삼으라는 지상 대위임령(The Great Commission)을 말씀하셨다(마 28:18-20). 하나님이 세계 열방의 모든 민족을 향한 구원의 길을 열어 놓으신 것이다. 예수 그리스도의 희생과 사랑을 전하며 살아가라는 것이 예수님의 마지막 명령이었다. 이러한 복음 전파의 사명을 감당하는 길이 쉽지 않아도 그것이 하나님의 뜻이며, 하나님이 함께하시기에 반드시 감당할 수 있는 길이다.

　나와 아내가 참 아끼던 여자 청년이 있었는데, 신실하고 믿음이 깊은 남자 전도사님을 만나 많은 사람의 축복 속에 결혼했다. 그런데 얼마 후, 두 사람이 원주민 부족 선교사로 헌신하기로 결정했다는 연락을 받았다. 그들이 가고자 하는 길이 쉽지 않음을 알기에 말리고 싶었지만, 하나님의 부르심을 거부할 수도 없어 축복하며 보내 주었다.

　그로부터 30년이 지난 지금까지 나는 그들과 딱 한 번 만날 수 있었다. 자녀들까지 원주민 부족과 함께 자라도록 하는 그들의 희생을 통해서 복음이 전해지지 않았던 땅에 복음이 전해지고 있다. 이처럼 하나님의 말씀을 따라 땅끝까지 복음을 전할 때 하나님은 반드시 길을 여신다.

　과거에 우리나라는 아무도 찾지 않는 가난한 약소국이었다. 그러나 처음 선교사들이 조선 땅을 밟은 지 140여 년이 지난 지금, 대한민국은 복음의 축복을 받은 나라가 되었다. 그 옛날 영국과 유럽, 미국에서 파송된 젊은 선교사들은 평균 나이가 20대였다. 그들은 조선이 어떤 곳인지 잘 알지도 못한 채 복음을 전하기 위해 목숨을 걸고 이 땅에 와서 자신을 희생했다.

일반적으로 사람들은 희생의 삶을 원하지 않는다. 내 것을 남에게 양보하는 것은 손해라고 생각한다. 그러나 성경의 원리는 다르다. 희생하고 나누면 하나님이 더 큰 축복을 주신다는 것이다. 희생은 결코 손해가 아니다. 하나님의 방식은 세상의 방식과 다르다. 섬기고 희생할 때 하나님이 더 풍성하게 채워 주시고, 더 큰 길을 열어 주신다(마 23:11). 결국 섬기는 자가 큰 자가 되는 것이다(요 12:26; 눅 22:26-27; 막 9:35).

희생 위에 축복을 더하시는 하나님

무슨 일을 하든지 마음을 다하여 주께 하듯 하고 사람에게 하듯 하지 말라 골 3:23

자신에게 맡겨진 일을 주님께 하듯 섬기는 마음으로 감당할 때, 하나님이 그 삶을 형통하게 하신다. 그러므로 우리의 인생을 섣불리 단정해서는 안 될 것이다. 우리가 걸어가야 할 바른 방향과 목표를 향해 나아가는 의지력이 중요하다. 아무리 하나님이 형통을 계획해 두셨다 해도, 우리가 준비되지 않으면 열매를 맺지 못한다. 그러므로 형통은 단순한 환경의 결과가 아니라 삶의 태도이자 의지력의 문제다.

남편들아 아내 사랑하기를 그리스도께서 교회를 사랑하시고
그 교회를 위하여 자신을 주심 같이 하라 엡 5:25

가정이 형통하기 위해서는 그리스도께서 교회를 사랑하시듯 남편이 아내를 사랑해야 한다. 예수님이 교회를 위해 생명을 내주셨듯이 남편도 아내를 위해 희생할 때 가정이 건강하게 설 수 있다. 예수님의 희생은 손해가 아니라 부활과 구원의 길을 여는 축복이었다. 마찬가지로, 남편이 아내를 사랑하며 희생하면 하나님이 그 가정을 더욱 견고하게 세우실 것이다.

십자가 없는 부활은 없다. 희생이 없으면 하나님이 일하시지 않는다. 나와 아내도 담임목회를 하면서 은행 예금통장이 늘 마이너스 상태다. 하지만 이것이 단순한 희생이 아니라 하나님이 가정과 교회를 살리시기 위한 과정임을 믿는다.

희생하면 손해라고 생각하는 것은 사실 일차원적인 사고방식이다. 하나님의 원리는 희생하는 자에게 더 큰 축복을 더하여 주시는 것이다. 희생하며 섬기는 삶을 살아갈 때 하나님이 형통의 길을 열어 주실 것이다.

Chapter 10

형통은 사명이다

사람은 누구나 형통의 삶을 살기를 원한다. '형통'을 영어로 표현하면 'Going well'이라고 할 수 있는데, 직역하면 '잘 가고 있는 삶'이라는 뜻이다. 진지하게 자신의 삶을 성찰하는 사람들은 누구나 지금 자신의 인생이 정말 잘 가고 있는지, 올바른 방향 위에 서 있는지를 점검하고자 한다. 그렇다면 우리의 삶을 판단하는 기준은 무엇이어야 할까. 바로 삶의 방향과 목적이 그 기준이 되어야 할 것이다.

예수님에게서 발견하는 내 삶의 목적

이 세상에는 참으로 많은 가치가 존재한다. 그 가치들은 저마다 무게가 다르고, 각 사람이 중요하게 여기는 기준 또한 다르다. 그러나 이 모든 가치의 중요도를 결정짓는 최종 기준은 바로 '목적'이다. 삶의 목적과 방향이 분명할 때 우리 삶은 바른 방향으로 나아가게 되기 때문이다. 그렇다면 목적이 이끌어 가는 삶의 기준은 어디에서 찾을 수 있을까.

그리스도인의 삶의 목적과 방향은 오직 예수님의 마음과 삶에서 찾아야 한다. 그렇다면 예수님의 마음은 어디에 있을까. 예수님은 왜 이 땅에 오셨을까. 우리는 예수님이 이 땅에 오신 목적에서 우리 삶의 목적을 찾아야 한다.

사람마다 삶의 목적은 다를 수 있다. 각자의 삶의 가치관과 철학에 따라 목적이 세워지고, 삶의 지혜에 따라 그 목적에 이르는 방향이 결정된다. 그러나 그리스도인의 삶은 분명히 다르다. 그리스도인은 오직 예수님께 초점을 맞출 때 진정한 삶의 목적과 그 목적을 이루기 위한 방향을 찾을 수 있다. 또한 그 목적을 방향에 맞게 끝까지 밀고 나가는 신실한 의지와 용기도 오직 예수님께 초점을 맞출 때에 가질 수 있는 것이다.

하나님은 아들이신 예수님의 사명의 길을 친히 결정하셨다. 그 자리는 바로 이 땅이었다. 예수님이 머물 공간의 결정권은 오로지 하나님께 속한 것이었다. 온 우주 만물을 다스리시는 하나님으로서 이 땅으로 내려오는 것은 가장 높은 자리에서 가장 낮은 자리로 이동하는 것이다. 하나님은 그 아들을 낮고 천한 마구간까지 내려오게 하셨다. 하나님의 주권으로 그렇게 결정하신 이유는 그 방법 외에는 죄인이 된 인간을 지옥으로 가는 길에서 영생으로 인도할 방법이 없었기 때문이다.

하나님은 온 인류를 구원하시기 위한 방법으로, 죄 없는 온전한 사람의 희생을 택하셨다. 오직 그것만이 하나님의 사랑과 거룩성(공의)을 동시에 만족시키며 죄인을 구원하시는 유일한 길이었다. 그런데 이 세상에는 죄 없는 의인이 단 한 사람도 존재하지 않았다. 하나님은 거룩하신 분이기에 인간의 죄를 무조건 눈감아 주거나 없는 것으로 간주하실 수는 없었다. 그래서 하나님의 유일한 아들이신 예수님이 인간이 되셔야만 했다. 죄가 없는 온전한 인간의 모습으로 이 땅에 오셔야만 했던 것이다. 하나님의 거룩하신 속성을 만족시키는 길은 오직 하나님의 주권적 선택이었고, 하나님의 결정 사항이었다.

하나님은 우리가 감당해야 할 사명의 길과 공간까지도 친히 결정하신다. 그러므로 하나님이 있으라고 하신 그곳이 우리의 사명지이고, 하나님이 명하신 그 방법이 우리의 사명의 길이다.

비록 그 길이 고되다 하더라도

예수님은 자신이 걸어가야 할 사명의 길이 하나님의 뜻임을 분명히 알고 계셨다. 그러나 그 길이 결코 쉽지 않다는 사실 또한 아셨다. 그래서 겟세마네 동산에서 드린 예수님의 기도에는 그 사명을 온전히 수용하기 위한 깊은 갈등과 고뇌가 담겨 있다.

베드로와 세베대의 두 아들을 데리고 가실새 고민하고 슬퍼하사 이에 말씀하시되 내 마음이 매우 고민하여 죽게 되었으니 너희는 여기 머물러 나와 함께 깨어 있으라 하시고 조금 나아가사 얼굴을 땅에 대시고 엎드려 기도하여 이르시되 내 아버지여 만일 할 만하시거든 이 잔을 내게서 지나가게 하옵소서 그러나 나의 원대로 마시옵고 아버지의 원대로 하옵소서 하시고 제자들에게 오사 그 자는 것을 보시고 베드로에게 말씀하시되 너희가 나와 함께 한 시간도 이렇게 깨어 있을 수 없더냐 시험에 들지 않게 깨어 기도하라 마음에는 원이로되 육신이 약하도다 하시고 다시 두 번째 나아가 기도하여 이르시되 내 아버지여 만일 내가 마시지 않고는 이 잔이 내게서 지나갈 수 없거든 아버지의 원대로 되기를 원하나이다 하시고 마 26:37-42

성경에는 예수님이 사명을 받아들이고 감당하셔야 할 순간에 얼마나 깊은 슬픔과 고뇌를 느끼셨는지 생생하게 기록하고 있다. 사명은 언제나 기쁨으로만 감당할 수 없으며, 적지 않은 갈등도 생겨난다. 예수님은 깊은 고민과 갈등 속에서 마치 죽을 것 같은 감정의 무게를 견디고 계셨다. 결국 예수님은 그 고통을 안고 겟세마네 동산으로 나아가 기도의 자리에서 몸부림치셨던 것이다.

내가 잘 아는 한 권사님이 오래전 사랑하는 딸과 사위를 아프리카에 선교사로 파송하셨다. 그렇게 딸을 선교지로 떠나보낸 후 6개월 동안 하루도 눈물을 흘리지 않은 날이 없었다고 한다. 하나님의 부르심에 순종하여 사명을 감당하기로 했지만 인간적인 슬픔과 고통, 그리고 깊은 고뇌는 결코 피할 수 없었던 것이다. 그것이 인간의 연약함이자, 동시에 사명을 받아들이는 과정이다.

예수님은 하나님이 주신 사명을 완수하시기 위하여 절대적인 기도를 드리셨다(눅 22:44-46). 그 기도가 얼마나 간절했는지, 힘쓰고 애써 더욱 간절히 기도하실 때 땀이 땅에 떨어지는 핏방울같이 되었다고 성경은 증언하고 있다. 그리고 예수님은 기도 후에 제자들에게 돌아오셔서 "시험에 들지 않게 일어나 기도하라"라고 명하셨다.

시험(유혹)이란 무엇일까. 바로 '사명을 감당하지 않는 것'이다. 하나님은 분명히 이 길을 가라고 명하셨는데, 두렵고 불안하고 힘들 것 같아서 다른 길을 선택하는 것, 그것이 유혹이며 시험이다. 그러므로 우리가 하나님이 맡기신 사명을 끝까지 감당하기 위해서는 절대적인 기도가 필요하다. 사명자가 기도로 무장하지 않고는 사명을 끝까지 완수할 수 없다.

'겟세마네'라는 말은 '기름을 짜는 곳'이라는 뜻이다. 이곳에서 주님은 기름을 짜내듯, 자신의 온몸과 마음을 다하여 기도하셨다. 겟세마네는 상징적으로 고난과 순종, 기도와 영적 준비의 장소였다. 그러나 동시에 겟세마네는 기도하지 않았던 제자들이 배신한 장소이기도 하다. 십자가의 사명을 앞두고 있던 그곳에서, 예수님 곁에 있던 제자들이 다 도망쳤다. 인간은 이처럼 연약한 존재다. 결코 주님을 배신하지 않겠다고 외쳤던 베드로조차도 그날 닭이 울기 전에 세 번이나 주님을 부인하다가 도망쳤다.

나는 신앙생활이 결코 뜬구름 잡는 일이 아니라고 생각한다. 신앙이란, 우리 삶의 현장에서 구체적으로 실현되어야 한다. 하나님이 결정하신 삶의 현장을 우리가 신실하게 받아들이고 순종해야 한다.

예수님이 겟세마네 동산에서 기도하실 때, "할 수만 있다면 이 잔을 내게서 지나가게 하옵소서"라고 간구하셨지만, 결국 그 기도를 "내 뜻대로 마옵시고, 아버지의 뜻대로 하옵소서" 로 바꾸신 것처럼 말이다.

우리를 살리신 하나님의 한 수

아버지가 돌아가신 후, 당시 20대 중반이었던 나의 어머니는 새로운 삶의 길을 선택하셨다. 그러나 할머니는 그 모든 상황을 감당하셨다. 세 살 난 손자를 품에 안고 키우는 사명을 스스로 받아들이셨다. 나를 업고, 안고, 걸음을 옮기시면서도 무수하게 아버지를 그리워하며 눈물 흘리시던 할머니의 모습이 지금도 선명하게 떠오른다.

그 시절, 어린 내가 이해할 수 없었던 할머니의 한 가지 행동이 있었다. 바로 안방 아랫목 이불 속에 늘 흰쌀밥 한 그릇을 넣어 두신 것이다. 어릴 때는 그 행동이 잘 이해되지 않았지만 시간이 흐르며 이유를 알게 되었다. 집을 떠나간 며느리, 곧 내 어머니가 혹시라도 집으로 돌아올까 봐, 언제 돌아올지 기약 없는 그분을 위해 날마다 따뜻한 밥을 식지 않게 준비해 두셨던 것이다. 그렇게 할머니는 손자를 두고 떠난 며느리를 한결같이 기다리셨다.

어머니는 내가 고등학교를 졸업할 무렵, 딱 한 번 찾아오신 적이 있다. 그 후로도 어머니를 만나고자 했지만 만나지 못하고 오랜 시간이 흘렀다. 그러다가 내가 결혼하고 나서야 어머니를 다시 만났다. 아내가 경찰서를 통해 수소문한 끝에 어머니 쪽에 연락이 닿았다. 어머니는 그사이에 가정을 이루시고 슬하에 세 아들을 두신 상태였다. 나는 그 선택을 이해하고 존중했다. 이후에도 계속 연락하고 싶었지만 더는 연락이 닿지 않았다.

이처럼 나는 결핍이 많은 환경에서 자랐지만, 할머니는 넘치는 사랑으로 그 모든 결핍을 채워 주셨다. 할머니는 언제나 나를 첫 번째로 여기셔서 무엇이든지 나를 위해 아끼지 않고 베풀어 주셨다. 그리고 나에 대한 일이라면 무엇이든지 앞뒤를 가리지 않으셨다. 돌아보면, 할머니의 따뜻하고 사랑 많은 성품이 나에게도 전해진 것 같다. 그래서인지 지금도 나는 목회를 하며 가난하고 소외된 이웃과 교회들을 생각하는 마음이 유독 깊고 크다고 생각한다.

할머니는 나를 키우시며 너무도 많은 눈물을 흘리셨다. 할머니에게 주어진 사명은 '일찍 아버지를 여읜 손자를 잘 키우는 것'이었다. 그건 내가 결정한 인생이 아니었고, 할머니가 선택하신 일도 아니었다. 그건 철저히 하나님의 결정이었다. 그리고 지금 돌아보면, 그 하나님의 결정이 내 인생을 위한 최고의 한 수였음을 깨닫게 된다.

하나님이 자신의 아들을 이 땅에 보내신 것도 그러했다. 하나님은 감추어진 하나님의 한 수로 아들을 보내셨고, 십자가에서 못 박히게 하심으로 온 인류의 죄 문제를 해결하셨다. 그러나 사탄은 그것을 알지 못했다. 하나님의 아들을 십자가의 자리로 가게 하는 것이 자신이 이기는 길인 줄 알았다. 그것이 바로 놀라우신 하나님의 지혜요, 놀라운 한 수였다.

사람을 필요로 하시는 하나님

스스로 선택하지 않은 어려움이 내 삶에 주어졌다 하더라도 결코 기죽을 필요는 없다. 내가 잘못 선택한 일에는 회한이 남을 수 있겠지만, 내가 선택하지 않은 인생의 환경과 여건이 다른 사람보다 부족하고 열악하다고 해서 절망할 이유는 없다. 왜냐하면 그 상황 속에는 반드시 하나님의 한 수가 숨겨져 있기 때문이다.

그 하나님의 한 수를 언제 깨닫느냐는 언제 우리의 영적인 눈과 귀가 열리느냐에 달려 있다. 하나님의 때가 이르면 우리는 그 뜻을 분명히 알게 된다.

예수님의 삶에도 죽을 만큼 고통스러운 순간이 있었다. 그러나 그분은 그 사명을 수용하기 위해 겟세마네 동산에서 기름을 짜내듯 간절히 기도하셨다. 우리가 삶 속에서 아무것도 보이지 않는 막막한 순간을 지나더라도, 하나님 앞에 나아가 간절히 기도하면 반드시 사명과 함께 희망의 등불을 보게 될 것이다.

하나님은 사람을 통해 잃어버린 영혼을 찾으시고, 연약한 자들을 구원하는 사명을 맡기신다. 그 사명이 바로 우리에게 주어졌다. 우리 곁에는 여전히 구원이 필요한 사람, 위로가 필요한 사람이 너무나 많다. 하나님은 그들을 위해 우리를 부르고, 사명을 맡기신다. 그것이 바로 그리스도인인 우리 모두가 감당해야 할 사명이다. 예수님이 사명을 감당하심으로 인류 구원의 길을 열어 주셨듯이, 우리도 주어진 사명을 감당할 때 하나님이 열어 주시는 형통의 문으로 들어갈 수 있다.

Part 4.

내일을 바라볼
힘조차 잃었더라도

Chapter 11

형통은 바라봄이다

인생은 본질적으로 불확실성의 연속이다. 우리는 그 여정 가운데 예상치 못한 황당한 일들과 상황을 만나게 된다. 그러나 그것을 어떤 시선으로 바라보고, 어떤 태도로 대응하느냐가 우리의 믿음을 드러내고, 인생의 결과를 결정짓는다. 하나님은 믿음의 사람의 삶과 행위를 주목하여 보신다. 그리고 결국 믿음으로 살아가는 사람의 손을 들어 주신다.

소돔을 바라보는 인생

우리 인생에서 생의 결과를 결정짓는 가장 중요한 요인은 무엇일까? 하나만 꼽으라면 바로 '바라봄'이다. 한마디로, 우리의 시선이 어디를 향하느냐에 따라 인생의 방향과 결말이 결정되는 것이다.

> 눈은 몸의 등불이니 그러므로 네 눈이 성하면 온 몸이 밝을 것이요 눈이 나쁘면 온 몸이 어두울 것이니 그러므로 네게 있는 빛이 어두우면 그 어둠이 얼마나 더하겠느냐 마 6:22-23

예수님은 "눈은 몸의 등불"이라고 말씀하셨다. 우리의 시선이 곧 인생의 방향을 결정짓는 중요한 역할을 감당한다는 것이다. 나의 눈이 향하는 곳으로 내 몸도 향하고, 결국 나의 삶과 발걸음도 그 방향을 따르게 된다.

그러나 모든 사람이 같은 곳을 바라보지는 않는다. 사람마다 바라보는 방향이 다른데, 그 차이를 만들어 내는 결정적인 요인은 바로 '삶의 가치관과 철학'이다. 각자의 가치관과 철학을 이루는 요소들은 다양하지만, 인생에서 가장 중요한 가치를 어디에 두느냐에 따라 같은 상황에서도 전혀 다른 선택을 하게 된다. 그래서 불확실한 인생길 가운데 주어진 상황 속에서 무엇을 기준으로 판단하고 결정하는지를 보면 그 사람의 우선순위와 중심이 어디에 있는지를 알 수 있다.

아브라함은 75세의 나이에 믿음으로 결단했다(창 12:4). 아브라함은 인생의 중요한 순간마다 하나님의 말씀으로 인도함을 받았다. 아브라함 시대에는 기록된 말씀이 없었다. 그러므로 하나님이 영으로 임하셔서 아브라함에게 직접 말씀해 주셨다. 아브라함은 그런 하나님의 말씀을 기다리며 인생을 한 걸음씩 내디뎠던 것이다.

아브라함의 아버지 데라도 하나님이 택하신 백성이었다. 그러나 그는 하나님의 말씀을 잃어버리고 세상의 풍조와 가치를 따라 살다가 결국 신앙을 모두 잃고 우상 숭배에 빠진 인생으로 끝을 맺게 된다. 그런 아버지의 삶을 지켜본 아브라함은 더 이상 그 길을 가지 않겠다고 결단한다. 그리고 말씀으로 찾아오신 하나님을 따라 살기로 결심한다.

그런데 어느 날, 아브라함은 생각지도 못한 황당한 상황을 맞이하게 된다. 자신이 거두고 가정을 이루게 해 준 조카 롯의 배반이었다. 롯의 가축을 돌보는 하인들과 아브라함의 하인들 사이에서 다툼이 계속되자, 아브라함은 롯에게 우선 선택권을 주며 오른쪽이든 왼쪽이든 먼저 고르라고 양보한다. 그러나 롯은 삼촌인 아브라함에게 양보는커녕, 자기 눈에 더 좋아 보이는 요단 들판과 소돔 성읍을 선택한다.

롯은 눈앞에 보이는 이익에만 집중하며 요단 들판을 차

지했다. 롯의 눈에는 그 땅이 여호와의 동산 같아 보였다(창 13:10). 그러나 그 땅은 실상 여호와 앞에서 죄악이 가득한 도시였다. 여호와께서 멸망시키기 전이었기 때문에 외형상으로는 화려하고 풍요로워 보였던 것이다.

오갈 데 없던 조카 롯을 거두어 살게 해 주었건만, 결국 돌아온 것은 배신이었다. 그러나 갈등과 위기의 순간에 어떻게 해석하고 반응하는가는 그 사람의 신앙과 인격을 보여 준다. 아브라함은 내면에 말씀이 있었기에(창 12:4) 이 상황을 하나님의 관점으로 해석할 수 있었다. 그래서 아브라함은 갈등을 확대하지 않고 화평케 하는 쪽으로 결단했다. 예수님도 "화평하게 하는 자는 복이 있나니 그들이 하나님의 아들이라 일컬음을 받을 것임이요"(마 5:9)라고 하셨다. 믿음의 사람은 이처럼 피스메이커(peace maker)가 되어야 한다.

아브라함은 말씀이 지배하는 내면을 가졌기에 늘 하나님의 말씀을 기준으로 모든 일을 해석하고 판단했다. 반면, 롯에게는 하나님의 말씀이 없었다. 아브라함은 하나님의 말씀을 붙들고 갔으나(창 12:4), 롯은 점점 세상적인 가치관과 기준에 사로잡혀 소돔을 바라보고 결정했다. 그동안 롯은 그저 아브라함과 함께 있다는 이유만으로 그에게 임한 하나님의 축복을 덤으로 누렸던 것이다. 롯은 시간이 지나면서 자신의 노력과 능력으로 성공을 이루었다고 착각했다. 그것이 불신앙이며 교만이다.

믿음 없이 육신적인 것을 기준으로 삼으면 선택과 판단을 모두 세상의 관점에서 하게 된다. 그러다 결국은 하나님과 멀어진다. 롯은 하나님의 뜻을 이루어야겠다는 생각 대신 오직 더 많이 소유하고 누리는 것만이 삶의 목표였다. 그와 달리, 아브라함은 말씀을 따라가며 하나님의 뜻을 이루기 위해 살아갔다.

삶의 현장에서 드러나는 믿음

소돔과 고모라가 있던 요단 지역을 바라보고 그곳을 선택한 롯과 그의 가족은 결국 끔찍한 결과를 맞이하게 되었다. 세속에 깊이 물든 삶 속에서 롯은 끊임없는 고통을 겪었고, 그의 내면은 상처로 가득 차게 되었다(벧후 2:7-8).

소돔과 고모라의 도덕적 붕괴는 결국 롯 자신과 그의 자녀들에게도 치명적인 영향을 끼쳤다. 롯의 아내는 하나님의 말씀에 따라 소돔을 빠져나오던 중 뒤를 돌아보다가 소금 기둥이 되었고, 사위들은 불신앙으로 멸망했다. 결국 롯의 딸들은 타락한 문화 가운데서 아버지와의 부끄러운 관계를 통해 모압과 암몬의 씨앗을 남기는 비극을 낳았다.

나는 청소년들에게 종종 이런 이야기를 한다. 지금은 같은 교회, 같은 학교에 다니며 같은 교복을 입고 있기 때문에 별 차이가 없어 보이겠지만, 하나님의 말씀을 붙들고 따라가는 사람과 그렇지 않은 사람은 시간이 지나면 차이가 크게 벌어진다고 말이다.

믿음은 삶의 현장에서 증명되고, 삶으로 살아 내야 하는 것이다. 육신은 편한 길을 가고 싶어 하지만, 하나님의 말씀이 가라는 쪽으로 따라가는 것이 진정한 믿음이다.

아브라함과 롯도 평상시에는 차이가 드러나지 않았다. 그러나 이익이 걸린 선택의 순간이 오자 그 차이는 명확하게 드러났다. 롯은 삼촌 아브라함의 은혜를 잊고, 자신의 욕심을 따라 요단 들판을 선택해 버렸다. 그에게는 하나님의 말씀이 없었고, 믿음도 약했다. 그런 상태에서 세상의 화려함과 재물을 좇아갔지만, 하나님이 없는 사람의 삶은 스스로 감당할 수 없는 무게로 다가오는 것이다. 그러므로 우리는 늘 자문해 봐야 한다. '지금 나는 하나님의 말씀을 붙들고 있는가, 말씀을 따라가고 있는가?'

만약 아브라함이 말씀을 붙들고 소돔과 고모라로 갔다면,

그는 그 도시를 변화시켰을지도 모른다. 그러나 말씀도, 은혜도, 믿음도 없었던 롯의 가정은 결국 비참하게 무너지고 만다. 사람은 환경에 따라 변화되고 성장할 수도 있지만, 반대로 환경에 의해 쉽게 변질될 수도 있다. 여유롭고 부유해진다고 해서 다 좋은 것이 아니다. 조지 바나(George Barna)가 《주전자 속의 개구리》(The Frog in the Kettle)라는 책에서 경고한 바와 같이, 우리도 영적으로 분별력이 없으면 서서히 죽어 가는 줄도 모르고 타협과 변질의 길을 걷게 되는 것이다.

성경은 오직 "의인은 믿음으로 말미암아 살리라"(롬 1:17; 합 2:4; 갈 3:11; 히 10:38 참고)라고 선언한다. 믿음이 바로 서면 현실의 문제 앞에서도 흔들리지 않는다. 세상 사람들이 볼 때는 고지식하다고 할지라도, 오직 하나님 말씀을 붙들고 살아가는 삶이 바로 믿음의 길이다.

신앙의 지조를 지키지 않고 적당히 타협하며 살아가다 보면, 삶의 우선순위가 무너지게 되고 결국에는 모든 신앙이 허물어진다. 롯 가문은 역사 속에서 사라졌지만 믿음의 지조를 지켰던 아브라함은 결국 하나님의 약속을 따라 형통의 삶을 살게 된다.

아브라함을 형통케 한 일곱 가지 비밀

조카 롯이 소돔과 고모라 땅을 선택하여 떠난 후에 하나님이 아브라함에게 "너는 눈을 들어 너 있는 곳에서 북쪽과 남쪽 그리고 동쪽과 서쪽을 바라보라 보이는 땅을 내가 너와 네 자손에게 주리니 영원히 이르리라"(창 13:14-15)라고 약속의 말씀을 주시며 더욱 크게 축복하셨다.

현대사회는 물질이 우상이 되어 버린 시대다. 오늘날의 많은 현대인은 가까운 형제나 부모에게조차 양보하지 않는 삶을 살아간다. 그러나 복을 주시는 분은 하나님이다. 하나님은 믿음으로 해석하고 믿음으로 풀어 가는 사람을 주목하여 보신다.

아브라함은 인간적인 기준으로 보면 척박해 보이는 산지를 선택했다. 하지만 하나님은 그의 믿음을 보시고 아브라함이 바라보는 모든 땅을 주겠노라고 약속하셨다. 아브라함이 믿음으로 위기의 순간을 해석하고 하나님의 뜻에 따라 행동했기 때문에, 그 믿음을 기뻐하시고 형통의 복을 약속하신 것이다.

내가 처한 상황 속에서 '하나님은 무엇을 기뻐하실까?' '어떻게 해야 하나님의 영광이 드러날까?'를 고민하며 그러한 방향으로 바라보고 결정하는 것이 믿음의 선택이고, 거기에 바로 형통의 비밀이 있다. 그것을 일곱 개의 문장으로 정리하면 다음과 같다.

첫째, 내 뜻이 아닌, 하나님의 뜻을 이루어 가는 것이 형통의 길이다.

둘째, 나 자신을 기쁘게 하는 것이 아니라 하나님을 기쁘게 하는 것이 형통의 길이다.

셋째, 내가 손해를 보더라도 하나님의 신실하심을 바라보는 것이 형통의 길이다.

넷째, 소유보다 화평을 만들어 내는 것이 형통의 길이다(창 13:8-9).

다섯째, 세상의 방식이 아니라 믿음의 방식으로 일을 처리하는 것이 형통의 길이다(창 13:9).

여섯째, 믿음으로 살아 내는 사람에게는 형통이 약속된다(창 13:17).

일곱째, 믿음의 사람이 바라보는 것이 하나님이 주신 형통이다(창 13:14-15).

엘리야의 많은 제자 중에서 그가 승천하는 마지막 순간까지 따라간 유일한 사람이 엘리사다. 엘리사는 스승 엘리야에게 임한 은혜와 능력, 영감의 갑절을 구했다. 그때 엘리야는 "네가 보면 그 일이 네게 이루어지려니와"(왕하 2:10)라고 말했다.

우리의 인생도 내가 무엇을 바라보는지에 따라 그 결과가 결정된다. 믿음의 눈으로 바라보는 사람은 하나님이 주시는 축복의 열매를 얻게 된다. 눈은 몸의 등불이다. 아브라함과 여러 믿음의 선진들처럼 하나님의 말씀이라는 프리즘을 통해 상황을 바라보며 흔들림 없는 믿음으로 나아가야 한다.

Chapter 12

형통은 비전이다

하나님은 역사를 주관하시는 분이다. 하나님은 비전을 통해 개인과 가정, 교회와 공동체, 그리고 국가를 이끄신다. 아브라함은 하나님이 보여 주시는 그 땅(창 12:1), 곧 앞으로 나아갈 방향을 믿음으로 바라보며 따라갔다. 하나님이 들려주시는 말씀과 하나님이 보여 주시는 곳이나 방향, 그것이 바로 비전(vision)이다.

비전이란, 하나님이 보시는 것을 나도 함께 보는 것을 의미한다. 비전은 나의 야망이나 내가 이루고 싶은 계획과 다르다. 비전의 출발은 언제나 하나님으로부터 비롯된다. 기도하여 성령 충만한 사람에게 하나님은 비전을 보여 주신다.

하나님의 비전을 붙들라

성경은 '말씀하시는 하나님'을 계시한다. 하나님은 일반적으로 말씀을 통해 개인과 가정과 교회 공동체에 하나님의 계획과 성취를 알려 주신다. 그 도구로써 하나님은 비전을 사용하신다. 오늘도 하나님은 그분의 비전을 통해 인생을 이끌어 가시며, 교회와 나라를 인도하신다. 그러므로 우리는 하나님이 주신 약속의 말씀을 붙잡아야 하며, 받은 비전을 잊지 말고 끝까지 붙들며 살아가야 한다.

마귀는 우리가 하나님의 비전으로부터 시선을 돌리도록 유혹한다. 우리가 가진 지식이나 경험, 포지션이나 능력을 의지하며 하나님의 비전에서 이탈하게 한다. 예수님이 금식하신 후 주리셨을 때, 마귀는 접근하여 "네가 만일 하나님의 아들이어든 명하여 이 돌들로 떡덩이가 되게 하라"(마 4:3)라고 유혹했다. 오늘날에도 마귀는 끊임없이 우리에게 말한다. "네 능력을 드러내라. 네 이름을 높여라." 그러나 그것은 하나님의 비전이 아니다.

예수님은 열두 제자를 먹이고 입히며 함께하셨다. 그러나 그들 중에는 예수님을 배신한 가룟 유다도 있었고, 예수님이 잡히실 때는 한 명도 빠짐없이 모두 도망쳤다. 만일 예수님이 그 상황에서 비전을 놓치셨다면 낙심하고 포기하셨을 것이다. 그러나 예수님은 하나님이 주신 비전, 즉 '십자가의 고난을 통한 인류 구원 사명'을 붙드셨다. 우리도 살아가다 보면 유혹의 순간이 찾아온다. 자존심 상할 뿐 아니라 모든 걸 포기하고 싶어진다. 만일 예수님이 자존심 때문에 십자가를 지지 않으셨다면 인류를 향한 구원의 문은 닫혔을 것이다.

오늘날 한국 교회는 양적으로 성장했고, 영향력도 커졌다. 그러나 하나님이 우리에게 비전을 주신 이유는 힘을 자랑하게 하기 위함이 아니다. 하나님의 비전은 언제나 변함없이 잃어버린 영혼을 구원하고, 열방을 제자로 삼는 것이다.

예수께서 나아와 말씀하여 이르시되 하늘과 땅의 모든 권세를 내게 주셨으니 그러므로 너희는 가서 모든 민족을 제자로 삼아 아버지와 아들과 성령의 이름으로 세례를 베풀고 내가 너희에게 분부한 모든 것을 가르쳐 지키게 하라 볼지어다 내가 세상 끝날까지 너희와 항상 함께 있으리라 하시니라 마 28:18-20

예수님이 승천하시기 전 제자들에게 지상 대위임령을 내리셨다. 예수님이 모든 권세를 이미 가지셨기에, 우리도 단지 그 방향으로 믿음을 갖고 나아가기만 하면 된다. 그러면 "내

가 세상 끝날까지 너희와 항상 함께 있으리라"라는 주님의 약
속이 우리에게 이루어질 것이다. 이 비전을 품고 살아가는 사
람에게는 반드시 형통의 복이 따른다.

믿음의 사람에게만 주어지는 선물

하나님은 아무에게나 비전을 주시지 않는다. 비전은 하나
님의 특별한 부르심 가운데 주어지는 은혜의 선물이다.

비전이 있는 삶과 없는 삶의 차이는 단순한 심리적인 차원
에 머무르지 않는다. 그것은 삶의 전 영역에 결정적이면서도
근본적인 차이를 만들어 낸다. 하나님이 아브라함을 부르실
때, "내가 너로 큰 민족을 이루고 네게 복을 주어 네 이름을 창
대하게 하리니 너는 복이 될지라"(창 12:2)라고 하신 것은 단순
히 물질적 복이나 부유함을 약속하신 것이 아니다. 아브라함
은 결과적으로 부요한 사람이 되었지만, 하나님이 주신 비전
은 '열국의 아버지'가 되는 것이었다. 그것은 혈통과 언어, 문
화를 초월하여 모든 민족 가운데 구원의 통로가 되는 거룩한
사명이다.

오늘날 우리에게 주어진 비전도 마찬가지다. 하나님이 우

리에게 주신 비전은 문화, 지역, 학연, 지연을 넘어 구원의 역사를 이루는 것이다. 지역사회를 변화시키고, 나라와 민족을 구원하며, 나아가 북한 땅과 5대양 6대륙을 향하여 복음을 전하는 사명을 감당하는 것이 우리의 비전이 되어야 한다.

비전이 없던 이스라엘 땅에는 흉년이 임했지만, 비전의 사람 요셉이 거하던 애굽 땅에는 형통의 복이 임했다. 요셉이 비전의 사람으로서 보디발의 집에 있을 때 여호와께서 그와 함께하심으로 형통한 자가 되었고, 그의 주인이 그로 인해 복을 누리게 되었다고 성경은 증언한다.

> 여호와께서 요셉과 함께 하시므로 그가 형통한 자가 되어…
> 여호와께서 그의 범사에 형통하게 하심을 보았더라 창 39:2-3

요셉은 열두 형제들 중 유일하게 꿈을 통해 하나님이 계획하신 미래를 보았다. 그것은 요셉을 향한 하나님의 택하심이자 선물이었다. 하나님은 실수하지 않으시는 분이기에 요셉에게 보여 주신 그 비전은 반드시 성취될 하나님의 약속이었다. 이처럼 우리도 이 시대를 살아가며 비전이 하나님의 선물이자 부르심임을 깨닫고, 그 비전을 붙잡고 살아가야 한다.

요셉이 하나님으로부터 받은 꿈을 열 명의 형들은 이해하지 못했다. 같은 공간, 같은 시대를 살아가고 있었지만, 믿음이 작동하지 않으면 자신은 물론 타인의 비전이나 공동체에 주신 하나님의 뜻을 이해할 수 없다. 또한 그것이 성취될 것이라는 확신도 가질 수 없다.

그래서 하나님은 믿음이 없는 개인이나 공동체에는 하나님의 비전을 보여 주지 않으신다. 그 결과, 비전의 사람은 오히려 오해와 몰이해의 대상이 되기도 한다. 예수님이 듣지 못하고 말하지 못하던 자에게 "에바다"라고 외치심으로 그의 귀가 열리고 혀가 풀리게 된 것처럼(막 7:34) 우리도 영의 눈이 열리고 영의 귀가 열릴 때 비로소 하나님의 비전이 보이고 들리게 되는 것이다.

비전이 있는 삶과 없는 삶은 하늘과 땅만큼의 막대한 격차를 만든다. 요셉과 그의 형들의 삶을 비교해 보면 이 차이는 명확하게 드러난다. 요셉의 형들은 꿈을 꾼 요셉을 이해하지 못했고, 오히려 미워하며 시기했다. 그러나 역사는 늘 꿈꾸는 자에 의해 만들어진다. 요셉은 꿈꾸는 자였고, 비전을 붙든 자였다. 그는 나이가 어렸지만 믿음이 있었다. 믿음의 사람은 믿음의 말을 하게 되어 있기에 그의 입술을 통해 나오는 말을 보면 그가 믿음의 사람이라는 것을 알 수 있다.

요셉이 꿈을 이야기하며 형들이 자신에게 절하는 환상에

대해 말했을 때 형들은 믿음이 없었기에 요셉을 더 미워하게 되었고, 그의 비전을 박해했다. 세상은 꿈꾸는 자를 이해하지 못하고, 비전의 사람을 담아낼 여유로움이 없다. 그러나 하나님은 믿음의 사람을 통해 반드시 그 비전을 이루신다. 그러므로 우리는 믿음으로 하나님의 꿈을 품고, 그 비전을 붙들고 살아가야 한다.

결코 꺾이지 않는 비전의 사람

비전이 있는 사람은 고난 앞에서도 꺾이지 않는다. 요셉은 억울한 누명을 쓰고 감옥에 갇히게 되었지만, 비전이 있었기에 끝까지 견뎌 낼 수 있었다. 요셉은 하나님의 꿈을 꾸었고, 그 꿈이 반드시 이루어질 것을 확신했기에 고난과 시련의 과정을 견뎌 낼 수 있었다.

비전은 한마디로 '견뎌 냄'이고, '불굴의 의지(꺾이지 않는 마음)'이다. 비전은 그 자체로 시련을 이길 수 있는 내면의 힘이요, 다시 일어나는 힘이며, 비전의 사람에게만 주어지는 특별한 능력이다.

비전은 곧 생명이다. 비전의 사람은 누군가 그를 밟으려 할 때도 밟히지 않는다. 설령 밟힌다 해도 다시 일어나는 생명력을 지녔다. 겨울철 보리밭에 난 보리 싹을 밟으면 땅속 깊이 박혀 더욱 튼실하게 솟아나는 것처럼, 밟힘 속에 생명의 힘은 더 깊이 뿌리내리고 자란다. 비전의 사람도 그렇다. 밟힘 속에서도 다시 일어난다.

그러므로 꿈을 가진 사람은 절대로 포기하지 않는다. 하나님이 우리와 함께하신다는 믿음이 있기 때문이다. 결국 하나님의 때에 그 꿈이 성취되고, 비전이 이루어진다.

물론 우리의 앞길을 가로막는 사람이 있을 수 있다. 환경이 녹록지 않을 수도 있고, 때로는 억울한 일을 당할 수도 있다. 그러나 그러한 상황에서도 하나님의 약속을 굳게 붙드는 사람은 끝까지 견뎌 내는 사람이다. 그가 바로 비전의 사람이다.

요셉은 형들의 배신으로 부모와 생이별하게 되었고, 애굽으로 팔려가 노예의 삶을 살아야 했다. 그러나 그는 어떤 고난과 억울한 상황 속에서도 낙심하거나 절망하지 않았다. 오히려 모든 상황을 긍정적으로 바라보며, 누군가가 해결해 주기만을 기다리지 않고 자신이 처한 자리에서 길을 찾고 문을 두드리는 능동적인 삶의 태도를 보였다. 비전의 사람은 꺾이지 않는다. 비전의 사람은 어느 자리에서든지 끊임없이 두드린다(마 7:7-8).

비전의 사람은 본질적으로 긍정성과 능동성을 지니고 있다. 어떤 상황 속에서도 스스로 길을 열고 만들어 간다. 요셉은 감옥에 갇혔을 때, 술 맡은 관원장을 만난 기회를 결코 놓치지 않았다. 그는 자신의 억울함을 이야기하며 그 만남을 기회의 문으로 삼았다. 비전의 사람은 누군가가 밥을 떠먹여 줄 때까지 기다리지 않는다. 긍정적인 시선으로 상황을 바라보고, 그 안에서 하나님의 뜻을 찾으며 능동적으로 반응한다. 절망의 한가운데에서도 길을 만들고, 위기를 오히려 기회로 삼는다. 실제로 성경에 등장하는 수많은 믿음의 위인들은 모두 비전의 사람이었다. 그들은 모두 하나님의 비전을 붙들고 그 뜻을 이루기 위해 긍정적이고 능동적인 삶을 살아 냈다.

극동방송을 방문했을 때 로비에서 "사람이 사람을 만나면 역사가 일어나고, 사람이 하나님을 만나면 기적이 일어난다"라는 문구를 본 적이 있다. 그렇다. 하나님을 만난 사람은 기적의 주인공이 되고, 위대한 비전의 주인공이 된다. 우리 앞에 있는 현실의 장벽을 바라보지 말고, 하나님이 나를 통해 이루고자 하시는 일이 무엇인지 질문해야 한다. 그 질문이 곧 더 큰 꿈을 품게 하며, 하나님의 꿈이 나의 비전이 되는 순간 삶이 완전히 바뀌게 된다.

하나님은 오늘도 꿈과 비전을 통해 한 사람의 인생을 바꾸신다. 아무리 어두운 터널을 지나는 것 같은 상황일지라도, 하나님의 꿈과 비전을 품은 사람은 반드시 그 꿈의 주인공이 된다. 인생의 가장 큰 위기는 환경에 있지 않다. 꿈과 비전이 없을 때 위기가 오는 것이다. 꿈과 이상은 모두 미래지향적인 일들이며, 그것이 곧 비전이다. 자녀 세대도, 청년 세대도, 장년 세대도 하나님의 영이 임하면 비전을 품고 살아가게 된다(욜 2:28-30). 그 비전은 오늘도 우리를 미래로 이끄는 하나님의 도구다.

비전과 기도, 그리고 성령

기도하는 사람은 성령의 인도하심과 감동, 그리고 역사에 민감하게 반응한다. 그리고 그 비전을 기꺼이 받아들이고 따를 수 있는 용기의 결단력이 있다. 그러므로 비전의 사람은 곧 기도의 사람이다. 언제나 자신의 뜻보다 하나님의 뜻을 따를 준비가 되어 있기 때문이다.

내가 어릴 적, 조그마한 시골 교회에서 새벽 기도를 하는데 하나님이 내 마음에 이렇게 말씀하셨다. "내가 너를 세계 모든 민족 위에 뛰어난 자로 쓰겠다." 그때 받은 비전은 지금까지 내 사역의 방향과 결단을 이끌어 온 중심이 되었다.

하나님의 비전은 나이나 환경에 구애받지 않는다. 호흡이 있는 한 주님 앞에 예배하며, 기도하는 한 하나님의 비전은 계속해서 흐른다. 예수님은 승천하시기 전 제자들에게 분명히 "내가 세상 끝날까지 너희와 항상 함께 있으리라"(마 28:20)라고 말씀하셨다. 세상 끝날까지 우리를 향한 하나님의 비전은 결코 멈추지 않는다.

그러므로 우리는 이 시대의 유혹 앞에서도 시선을 빼앗기지 말고 끝까지 하나님의 시선이 머무는 곳을 향해 비전을 품고 나아가야 한다.

Chapter 13

형통은 성령이다

마태복음과 누가복음은 저자는 다르지만, 같은 시대, 같은 장소에서 벌어진 예수님의 공생애를 기록한 책이기에 유사한 말씀이 곳곳에 있다. 그중 아래 두 구절을 비교해서 보자.

너희가 악한 자라도 좋은 것으로 자식에게 줄 줄 알거든 하물며 하늘에 계신 너희 아버지께서 구하는 자에게 좋은 것으로 주시지 않겠느냐 마 7:11

너희가 악할지라도 좋은 것을 자식에게 줄 줄 알거든 하물며 너희 하늘 아버지께서 구하는 자에게 성령을 주시지 않겠느냐 하시니라 눅 11:13

언뜻 보기에는 같아 보이지만, 자세히 보면 아주 중요한 한 단어를 다르게 기록하고 있다. 마태복음은 하나님이 우리에게 "좋은 것(Good things)"을 주시겠다고 말한다. 이것은 '좋은 선물들'을 뜻한다. 그런데 누가복음에서는 "성령(Holy Spirit)"이라고 한다. 이 두 구절이 우리에게 주는 메시지가 있다. 인생의 여정에서 모든 사람이 바라고 소원하는 좋은 선물은 하나님의 영이신 '성령님'을 통해 주어진다는 것이다.

성령을 통해 주어지는 형통이라는 선물

성경이 말씀하는 '좋은 것들'은 결코 인간의 노력이나 수고에 대한 보상으로 얻어지는 대가가 아니라 하나님의 전적인 은혜로 주어지는 '선물'이다. 마치 벼가 익으면 고개를 숙이듯 인생을 살아가다 보면 깨닫게 된다. 우리가 누리는 모든 좋은 것은 결국 하나님이 거저 주신 선물이라는 것을 말이다.

자녀들이 어린 시절에는 부모의 사랑과 수고를 당연한 것으로 여기지만, 막상 자신이 부모가 되어 보면 그 사랑이 얼마나 귀한 것인지를 깨닫는다. 나도 나를 낳아 주신 부모님과 사랑으로 길러 주신 조부모님의 수고와 헌신이 얼마나 귀한 선물이었는지를 살아갈수록 더 깊이 깨닫게 되었다. 이처럼 영적으로 철이 들면 하나님이 허락하신 인생의 여정과 환경도 모두 은혜로 보인다. 그 안에 하나님의 손길이 담겨 있음을 느끼기 때문이다.

몇 해 전, 우리 교회에서 열린 '어려운 이웃 돕기 전교인 단축 마라톤 대회'에서 6킬로미터를 뛰어 2등을 한 적이 있다. 운동할 틈도 없이 바쁜 사역 가운데 있었지만 하나님이 나에게 특별히 건강이라는 선물을 주셨다고 믿는다. 건강을 비롯해 이 모든 좋은 것은 바로 하나님의 영, 성령님을 통해 오는 것이다. 성령이 내 삶에 임하시면 그분은 좋은 것들을 주실 뿐만 아니라 그분 자신이 가장 좋은 선물이 되어 주신다.

우리는 매일 하나님의 은혜 가운데 살아간다. 우리의 구원을 위해 우리가 지불한 대가는 아무것도 없다. 그럼에도 하나님은 우리에게 가정을 허락하시고, 자녀와 건강을 주시며, 때로는 사회적 지위와 재성의 복까지 더해 주신다. 모든 것이 하나님의 전적인 은혜이며 선물이다. 그러므로 우리는 교만할 수 없다. 오직 겸손함으로 하나님의 은혜를 기억하며 살아야 한다.

하나님이 사람을 창조하시기 전에는 땅에 초목이 자라지 않았고, 열매가 맺히지도 않았으며, 비조차 내리지 않았다고 한다(창 2장). 온 세상은 생명의 기운 없이 안개로 덮인 정체된 상태였다.

여호와 하나님이 땅의 흙으로 사람을 지으시고 생기를 그 코에 불어넣으시니 사람이 생령이 되니라 창 2:7

하나님이 흙으로 사람을 빚으시고 그 코에 생기, 곧 하나님의 영을 불어넣으셨을 때 사람은 '생령(生靈)', 즉 살아 있는 영적 존재가 되었다(창 2:7). 성령이 임할 때 비로소 생명이 시작된 것이다. 그리고 하나님은 그 생령 된 사람을 에덴동산에 두고 다스리게 하셨다. 성령이 임한 사람을 통해 하나님은 일하시며, 세상을 회복시키신다.

에덴동산에는 각종 열매 맺는 아름다운 나무들이 자라고, 강물이 흘러 4대 문명을 꽃피우는 축복이 임했다. 그 강물이 흐르는 곳에는 금과 진주, 각종 보석이 풍성했다. 이는 단순히 물질적인 번영만을 의미하는 것이 아니다. 성령께서 임하실 때 삶에 질서가 세워지고, 열매가 맺히며, 하나님의 충만한 은혜와 축복이 따르게 된다는 것을 보여 준다.

나는 하나님이 함께하시는 사람에게, 또한 그 사람이 있는 곳에 하나님의 역사가 시작된다고 확신한다. 아무리 거칠고

황폐한 땅이라도 성령 충만한 사람이 머무는 땅은 회복되고 에덴처럼 변화된다. 왜냐하면, 그 사람 안에 계시는 하나님의 영이 역사하시기 때문이다.

지금 우리는 100세 시대를 살아가고 있다. 이것 자체가 하나님의 은혜요 축복이다. 그러나 많은 사람은 이 축복을 당연한 것으로 여기며 살아간다. 비록 육신은 오래 사는 시대가 되었지만, 영적으로는 여전히 안개와 같은 인생을 살아가는 이들이 많다. 지금 이 시대는 우리가 무엇을 위해 사는지, 어떻게 살아야 할지를 알지 못한 채 공허함 속에 방황하는 마지막 때와 같다. 이럴 때일수록 하나님의 생기, 곧 성령께서 우리에게 임하셔야 한다.

성령은 곧 하나님의 생기다. 그 생기가 우리 안에 들어오면 죽은 인생도 다시 살아나며, 무기력했던 삶에 새 힘이 솟아난다. 하나님은 그러한 생령에게 축복을 맡기신다. 아담에게 에덴을 경작하고 다스리게 하셨듯이, 성령 충만한 자는 가정과 일터, 교회와 사회에서 하나님의 일꾼으로서 변화의 주체가 되게 하신다. 하나님의 영이 함께하는 사람에게 하나님은 능력과 지혜를 부어 주신다.

이 진리는 오늘 우리의 삶 속에서도 동일하게 나타난다. 여의도와 영등포 지역은 과거에 황량한 벌판이었으며, 여의도

공원이 생기기 전 그 땅은 비행기 활주로로 쓰였다. 그러나 그 땅에 100만 성도가 모여 기도하며 하나님의 영을 사모하던 때가 있었고, 지금은 세계가 주목하는 금융의 중심지가 되었다. 나 역시 그 기도의 현장에 함께 있었다. 성령의 불을 구하며 기도했었는데, 결국 하나님은 나를 영등포 한복판에 있는 지금의 교회로 인도하셨다. 나는 이것이 단순한 우연이 아닌 성령이 하신 일이라고 생각한다. 좋은 것을 원하고, 형통을 갈망한다면 먼저 성령을 사모해야 한다. 성령님은 단순히 좋은 것을 주시는 분이 아니라, 그분 자체가 우리에게 가장 귀하고 완전한 선물이 되어 주신다.

모든 인류가 바라는 것은 결국 풍성한 삶이다. 시편 23편 5절에서 다윗도 "내 잔이 넘치나이다"라고 고백한다. 그는 넘치는 삶의 비결이 무엇인지를 알고 경험한 사람이었다. 그래서 그는 성령을 끊임없이 갈망했고, 하나님이 주의 영을 자신에게서 거두지 않으시기를 눈물로 간구했다(시 51:11-12).

안타깝게도 많은 사람은 풍성한 삶과 승리의 원리, 곧 형통의 비결이 성령을 통해 주어진다는 사실을 알지 못한다. 예수님의 제자들조차 성령을 체험하기 전에는 몰랐다. 하지만 결국 모든 해답은 성령에 있다. 성령 없이 자신의 힘으로 무엇인가를 이루려는 시도는 모래 위에 세운 집과 같다. 하지만 성령이 임하시면 연약한 자가 일어나고, 무능한 자도 열매 맺는 삶을 살게 된다.

예수님이 갈릴리의 무식하고 거친 어부들을 제자로 택하신 이유는, 사람이 아니라 하나님의 능력으로 이루어짐을 보여 주시기 위함이었다. 오순절 성령 강림 후 제자들의 인생에는 가장 극적인 변화가 일어났다. 성령이 임하신 이후, 그들은 완전히 다른 인생을 살게 되었다. 예수님을 부인했던 제자들도 성령을 받은 이후에는 담대하게 복음을 전하는 증인으로 변화되었다. 그것이 바로 성령이 주시는 형통이다.

성령이 함께하시는가

나는 내가 섬기는 교회가 성령으로 충만하고 기도의 불이 꺼지지 않는 교회가 된다면, 하나님이 이 교회를 '전 세계를 섬기고 이끄는 교회'로 세우실 줄로 믿는다. 이것은 결코 우리의 능력으로 되는 것이 아니며, 담임 목회자의 역량으로 되는 것도 아니다. 오직 위로부터 부어 주시는 성령의 능력이 각 사람에게 임할 때 가능한 것이다.

우리의 출신이나 배경, 재력이나 명성 같은 것은 중요하지 않다. 하나님이 주시는 성령의 은혜는 그것을 구하는 사람 누구에게나 공평하게 임한다. 성령 충만한 사람은 어떤 상황 속에서도 기도하는 가운데 성령의 감동을 받으며, 그 감동에 순종하는 삶을 살게 된다. 성령의 임재는 열매 없는 인생을 열매가 넘치는 인생으로 바꾸어 놓는다. 형통의 비결은 환경이 아니라 성령님이 함께하시느냐다.

하나님의 영이 함께하신다면 어디에 있든지, 누구든지 쓰임 받을 수 있다. 성령 안에는 모든 좋은 것들이 있다. 모든 문제의 해답도 성령 안에 있다. 성령이 바로 승리의 비결이요, 인생의 지름길이다. 성령은 갈등을 치유하고 평화를 이루신다.

무엇보다도 우리는 형통의 순서를 잊지 말아야 한다. 먼저 하나님의 영이 임하셨고, 그다음에 좋은 것들이 나타났다(창 2:12). 이것이 하나님의 창조 원리이며, 형통의 원칙이다. 성령 없이 형통을 구하면 그것은 불안정하고 일시적인 결과일 수밖에 없다. 순서가 바뀌면 열매도 맺히지 않는다. 많은 이가 형통을 원하면서도, 성령보다 열매를 먼저 구한다. 그러나 하나님의 방식은 언제나 성령이 먼저다. 성령이 충만히 임할 때 비로소 삶에 진정한 열매가 맺힌다.

우리 힘으로는 안 된다. 오직 하나님의 영인 성령으로만 가능하다. 보혜사 성령님은 단순한 감정의 바람이나 추상적인 존재가 아니라 우리 곁에 오셔서 도우시는 인격적인 분이다. 성령님은 우리의 위로자, 변호자, 중보자, 돕는 자가 되어 주신다. 그러므로 성령 충만한 사람은 성령의 위로와 보호를 받으며, 하나님의 뜻 가운데 이끌림을 받는다. 성령님 안에 하나님이 예비하신 모든 것이 있다. 오직 성령이 충만히 임할 때 우리는 하나님의 형통을 누릴 수 있다.

인생에서의 진정한 형통은 성령 충만함에서 시작된다. 우리가 성령님을 어떻게 대하느냐에 따라 우리 삶의 결이 달라진다. 성령님은 우리가 간절히 사모하고 마음을 열어 환영하여 모실 때 우리 삶 가운데 임하시는 인격적인 분이다.

언제나 하나님보다 앞서 나가지 않고 오직 그분을 의지하고 날마다 기도의 호흡을 멈추지 않을 때 하나님의 영이 우리 안에 거하는 삶이 될 줄 믿는다. 홀로 있을 때도, 함께 예배할 때도, 성령님을 간절히 사모하라. 그리고 기도하는 가운데 성령님이 주시는 작은 감동에도 민감하게 반응하고 순종해 보라. 우리 안에 역사하며 인도하시는 성령님을 만나게 되고, 우리의 삶은 그분의 인도를 받아 형통한 인생이 될 것이다.

Part 5

마침내 얻게 될
형통의 복이 있기에

Chapter 14

형통은 하나님 나라다

세상이 말하는 형통은 대개 '막힘 없이 일이 순조롭게 풀리는 것'에 의미를 두지만, 성경이 말하는 형통은 그 끝이 어디를 향하고 있느냐에 방점을 둔다.

누가복음 16장에는 삶이 극명하게 대조되는 두 사람, 즉 부자와 거지 나사로가 등장한다. 부자는 날마다 호화로운 잔치를 벌이며 살았던 반면, 나사로는 부자의 대문 앞에서 온몸이 헌 채로 고통스럽게 살고 있었다. 게다가 나사로는 부자의 상에서 떨어지는 음식 부스러기로 겨우 연명하려 하는 처참한 상태였다(눅 16:19-21).

이렇게 공통점이라고는 전혀 없을 것 같은 이 두 사람에게도 공통점이 하나 있었다. 바로 죽음을 맞이했다는 사실이다.

지위와 부, 혹은 고통과 비참함에 상관없이, 모든 인생은 예외 없이 죽음을 향해 나아간다. 성경은 이 둘 가운데 누구를 형통하다고 말하고 있을까.

성경에서 '나그네'로 묘사된 인생

우리는 우리 조상들과 같이 주님 앞에서 이방 나그네와 거류 민들이라 세상에 있는 날이 그림자 같아서 희망이 없나이다

대상 29:15

나그네는 일시적으로 머물며, 분명한 목적지를 향해 나아가는 존재다. 성경은 우리를 나그네라 부르며, 이 땅에서 영원히 살 수 없는 덧없는 존재임을 일깨운다. 결국 인생은 하나님의 나라를 향해 나아가는 여정이다. 즉, 성경은 우리 모두가 하나님의 나라를 향해 가는 순례자임을 분명히 말하고 있다.

인생의 마지막 종착점은 하나님의 심판대다(롬 14:10; 고후 5:10). 누가복음 16장은 죽은 후 지옥 불꽃 가운데서 고통을 당하는 부자의 모습과 아브라함의 품에서 위로와 평안을 누리는 거지 나사로의 모습을 보여 준다. 성경은 이처럼 죽음 이후

에 인간의 영혼이 도달하게 될 영원한 현실을 분명히 말한다.

믿음의 유무에 따라 육신의 죽음 뒤에 영원을 보낼 곳이 정해진다. 이 땅에서 보내는 시간은 영원의 길이에 비하면 점보다 짧다. 믿음이 있는 사람에게는 영원한 하나님 나라(천국)의 문이 열리지만, 믿음이 없는 사람에게는 음부(지옥)의 문이 열린다.

죽음은 신분과 지위를 가리지 않는다. 이 땅을 살아가는 모든 사람은 예외 없이 죽음을 맞이하며, 그 누구도 이를 피할 수 없다. 그런데 많은 사람이 이 땅에서의 노후는 열심히 준비하며 지혜롭게 살아가지만, 정작 죽음 이후의 영원에 대해서는 모른 채 살아간다. 당연히 하나님 나라에 들어갈 준비도 하지 않는다.

더욱 안타까운 것은 하나님을 믿는 성도도 별반 다르지 않다는 것이다. 나는 37년 동안 목회를 하며 수많은 사람을 만나 왔다. 그러면서 많은 성도가 하나님의 심판대 앞에 서는 날을 준비하지 않고 있다는 사실을 알게 되었다.

죽음은 끝이 아닌, 차원이 다른 새로운 희망과 축복의 출발점이다. 준비되지 않은 죽음은 두려움이지만, 믿음 안에 있는 죽음은 영원한 시작이 된다. 앞서 언급한 거지 나사로와 부자의 이야기는 죽음 이후의 영적 실재를 분명히 보여 준다. 거지 나사로는 극단적인 고통의 상황 중에도 믿음을 놓지 않았기에 하나님 나라에 입성했지만, 부자는 이 땅에서 모든 것을 누렸으나 믿음을 상실하였기에 음부 지옥에서 영원히 고통받는다.

진정한 형통은 죽음 이후에 어디로 가는가에 달려 있다. 이 땅에서 살다가 결국 '하나님 나라'로 향하지 않으면, 그것은 참된 형통이라 할 수 없다. 인생의 끝에서 하나님 나라의 문이 열리는 인생, 그것이 진정한 형통이다. 형통은 지금 잠시 잘되는 것이 아니라, 영원한 하나님 나라에 이르는 삶이다.

믿음을 지킨 자들에게 주어지는 참된 안식

하나님 나라는 참된 쉼과 안식과 치유가 있는 곳이다. 반면에 음부 지옥은 물 한 방울의 자비도 거절되는 불구덩이 속에서 영원한 고통이 계속되는 곳이다.

생전에 나사로는 부자의 상에서 떨어지는 부스러기로 배를 채우며, 아무도 돌봐주지 않는 외로운 삶을 살았다. 들개들이 헌데를 핥을 만큼 처참한 인생이었지만, 죽음 이후에는 상황이 완전히 역전된다. 부자가 오히려 거지였던 나사로를 부러워하며, 그의 손끝에서 떨어질 물 한 방울을 애타게 구하는 처지가 된 것이다. 그런데 아브라함은 천국과 지옥 사이는 건너갈 수 없는 큰 구렁으로 가로막혀 있어, 누구도 이 경계를 넘을 수 없다고 단호하게 이야기한다.

지옥은 회개의 기회가 철저히 차단된, 되돌릴 수 없는 영원한 심판의 장소다. 부자는 지옥의 불꽃 가운데 고통받으며 또 다른 간절함을 토로한다. 자신처럼 지옥에 오지 않도록 다섯 형제를 구해 달라는 것이다. 그러나 아브라함은 이미 그들이 모세와 선지자들의 말을 들었다고 답한다.

아브라함의 이 대답은 오늘 우리에게도 그대로 적용된다. 우리에게는 이미 하나님의 말씀을 들을 수 있는 수많은 기회가 있었다. 지금껏 그 말씀 앞에 마음을 열지 않았다면, 나사로가 다시 살아나서 증언한다 해도 아무런 유익이 없다는 것이다. 그러므로 지금 복음을 듣고 있다는 사실 자체가 하나님의 은혜다. 그 은혜에 믿음으로 응답하지 않는다면, 천국의 문은 우리 앞에서 닫히게 될 것이다.

이 세상에서 나사로의 삶은 결코 형통하지 않았다. 건강도, 물질도, 인간관계의 도움도 없었다. 그는 스스로 움직일 수조차 없는, 완전히 버려진 인생이었다. 그러나 그는 믿음을 잃지 않았고, 절망의 환경 속에서도 하나님을 향한 신뢰를 끝까지 붙들었다. 이것이 바로 신앙의 힘이다.

세상의 눈으로 보기엔 초라하고 무력해 보일지라도, 나사로는 믿음으로 하나님 나라에 들어갔다. 하나님 나라는 이런 사람들에게 주어지는 것이다. 하나님 나라는 믿음으로 회개한 자에게 허락되는 완전한 쉼과 회복의 나라다.

고난과 외로움이 우리의 삶을 둘러싼다 해도, 믿음을 끝까지 지켜 내는 자를 하나님은 절대로 외면하지 않으신다. 하나님은 믿음을 지키는 자를 반드시 천국의 품으로 인도하신다는 사실을 믿고 기억해야 한다.

진정한 형통의 기준인 하나님 나라

내가 어릴 적, 겨울이 되면 할아버지께선 "기용아, 논에 가서 보리 밟아라"라고 말씀하시곤 했다. 처음에는 발로 밟으면 보리가 죽을 것으로 생각했지만, 땅속에 생명이 있으면 씨앗은 반드시 싹을 틔우고 흙을 뚫고 올라왔다. 신앙도 이와 같다. 아무것도 보이지 않는 절망적인 상황에서도 꿋꿋하게 뚫고 올라오는 힘, 그 힘이 바로 신앙의 생명력이다.

아무도 도와주지 않고, 개들이 와서 상처를 핥고 있어도,

하나님이 나의 도움이심을 믿는 믿음이 있다면 우리는 삶을 포기하지 않을 수 있다. 진정한 믿음을 소유한 사람은 삶의 의지를 잃지 않는다. 그에겐 우리의 인생이 이 땅에만 머무는 것이 아니라 하나님께로 연결되어 있음을 믿는 믿음이 있기 때문이다.

성경은 부자가 자색 옷과 고운 베옷을 입고 살았다고 전한다. 자색 옷은 당시 왕족과 귀족만이 입을 수 있는 값비싼 옷이었다. 하지만 그는 세상에서 누릴 수 있는 모든 것을 누렸음에도 불구하고, 마지막은 음부 지옥에서 영원히 고통받게 되었다. 과연 누가 진짜 형통한 인생인가.

한편, 하나님 나라를 소망하는지 그렇지 않은지는 믿음의 유무를 가늠하는 중요한 척도이기도 하다. 소돔 성에 살았던 롯의 사위들처럼, 오늘날에도 하나님의 나라에 대한 말씀을 가볍게 여기고 세상의 즐거움과 안락함만을 추구하는 이들이 많다. 그러나 진짜 믿음은 하나님 나라를 바라보는가에 달렸다. 그 나라를 향한 소망이 있을 때, 우리는 이 땅에서도 청지기의 자세로 살아가게 된다.

하나님 나라에 들어가는 유일한 조건은 믿음이다. 하나님 나라의 문은 단순한 지식이나 종교적 습관으로 열리지 않는다. 살아 있는 믿음, 실재적인 믿음이 있을 때만 열린다. 나는 믿음의 완성이 곧 하나님 나라라고 확신한다. 그렇기에 우리는 날마다 우리의 믿음을 점검하며 살아야 한다.

> 내가 너희에게 이르노니 속히 그 원한을 풀어 주시리라 그러나 인자가 올 때에 세상에서 믿음을 보겠느냐 하시니라 눅 18:8

주님이 다시 오실 때에 찾으시는 것은 신앙의 연조나 직분이 아니라 오직 '믿음'이다. 예배당에 앉아 있으나 믿음 없이 형식만 남은 믿음 생활은 아닌지, 신앙을 마치 인생의 액세서리처럼 여기는 껍데기 신앙은 아닌지 늘 자신을 점검해 보아야 한다. 하나님이 찾으시는 것은 외적인 경건이 아니라 내면의 살아 있는 믿음이기 때문이다.

믿음이란 무엇인가? 우리는 은행을 신뢰하기 때문에 돈을 맡기고, 약속된 시기에 이자가 붙을 것을 믿는다. 마찬가지로 하나님 나라에 대한 신뢰가 있어야지만, 우리는 이 땅에서 믿음으로 살아길 수 있다.

몇 년 전 나는 병원으로부터 갑상샘 부근에 암이 생겼을 가능성이 높다는 검사 결과를 들었다. 우리 부부는 한동안 말문이 막힌 채로 있었다. 그러나 곧 마음에 깊은 평안이 임했다. "내 사명의 시간이 다하였다면, 이보다 더 좋은 하나님 나라로 가면 된다"라는 확신 때문이었다. 물론, 가족과의 이별을 생각하면 마음이 무거웠지만, 죽음 자체에 대한 두려움은 없었다. 하나님 나라가 내 안에 확고한 소망으로 자리 잡고 있었기 때문이다. 그 이후 다행히도 조직검사 결과 암이 아니라는 판정을 받았고, 건강관리를 하며 하나님의 사명을 위해 더욱 달려가고 있다.

물론 히스기야처럼 더 오래 살아 주님의 일을 감당할 수 있도록 간절히 기도하는 것도 중요하다. 그러나 근본적으로 중요한 것은, 하나님 나라에 대한 확신과 믿음이 우리의 중심에 자리 잡고 있는가 하는 것이다.

하나님 나라를 소망하는 자는 고난을 견뎌 내며, 현실을 초월한 참된 소망을 품고 살아간다. 아무리 삶이 바닥일지라도, 하나님 나라의 소망이 있는 사람은 다시 일어설 수 있다. 바로 이 믿음이 참된 형통으로 가는 길이며, 하나님 나라의 문을 여는 열쇠다.

우리 인생의 참된 형통은 하나님 나라의 문이 열리는 것이다. 요한계시록에 나오는 열두 진주 문(계 21:21)은 온 세상 사람들을 향해 열려 있는 하나님의 보편적 사랑과 은혜를 상징한다. 진정한 형통은 이 문이 우리에게 열리는 것이며, 인생의 가장 큰 승리는 하나님 나라에 들어가는 것이다. 그렇기에 진정한 반전은 죽음 이후에 일어난다.

> 사람들이 만국의 영광과 존귀를 가지고 그리로 들어가겠고
> 무엇이든지 속된 것이나 가증한 일 또는 거짓말하는 자는 결
> 코 그리로 들어가지 못하되 오직 어린 양의 생명책에 기록된
> 자들만 들어가리라 계 21:26-27

신앙이면 충분하다. 하나님 나라면 충분하다. 우리 삶의 진
정한 형통은 이 땅에서의 성공이 아니라 하나님 나라의 문이
열리는 것임을 늘 기억하며 살아가기를 축복한다.

Chapter 15

형통은 거룩한 부담이다

예수님이 고난을 받기 위해 예루살렘으로 입성하실 때, 수많은 사람이 예수님을 환영하며 자기들의 겉옷을 바닥에 깔고 종려나무 가지를 흔들며 호산나를 외쳤다. 그러나 그들이 기대했던 메시아는 정치적 해방자였고, 예수님은 그들의 바람을 따르지 않으셨다. 예수님은 정권을 잡아 예루살렘의 왕좌에 오르기 위해서가 아니라, 죄의 종노릇하던 이들을 건져 내어 하나님 나라의 백성으로 삼기 위해 오셨기 때문이다.

예수님이 십자가를 지신 의미와 목적

인간은 죄로 인해 하나님과의 관계가 단절되었다. 죄 가운데 빠진 인생은 참된 형통을 누릴 수 없기에, 누군가는 원죄의 문제를 해결해야 했다. 그래서 하나님은 친히 그의 아들 예수 그리스도를 보내 십자가 위에서 온 세상 죄에 대해 값을 지불하셨다. 그로 인해 막혔던 하나님과 인간 사이의 길이 다시 열렸고 형통의 문 또한 열리게 된 것이다.

예수님은 예루살렘에 입성하신 후 잡히시기 전날 밤, 겟세마네 동산으로 가셨다. "예수께서 힘쓰고 애써 더욱 간절히 기도하시니 땀이 땅에 떨어지는 핏방울 같이 되더라"(눅 22:44)라는 말씀은 예수님이 십자가의 고난을 앞두고 얼마나 극심한 고통 속에서 기도하셨는지를 보여 준다. 그야말로 장이 끊어질 것 같은, '단장(斷腸)의 기도'였다.

거룩한 부담을 지고 기도하신 예수님의 이 모습은, 그분을 따르며 살아가는 모든 이에게 시사하는 바가 크다. 십자가를 지기 직전, 주님이 겪으신 고뇌와 고통이 담긴 이 기도는 진정한 형통이란 무엇인지, 그리고 그 형통을 위해 우리가 짊어져야 할 거룩한 부담이 무엇인가를 되새기게 한다.

무엇보다 우리는 예수님이 십자가를 지신 의미와 목적을 기억해야 한다. **첫째, 예수님의 십자가 길은 죄로 얼룩진 인생들을 구원으로 인도하는 형통의 길이었다.** 예수님이 십자가의 길을 걸어가신 이유는 결코 자신의 형통이나 영광을 위한 것이 아니었다. 그분은 죄로 인해 하나님과 단절된 인생들을 영원한 형통으로 인도하기 위한 구속의 길을 걸어가셨다. 그 길은 단순한 희생이 아니었다. 거룩한 부담을 온전히 짊어져야 했고, 그 부담은 피와 땀과 눈물로 엮인 깊은 고통의 대가를 수반하는 길이었다. 예수님은 바로 이 사명과 부담 사이에서 고뇌에 찬 울부짖음과 처절한 기도 가운데 하나님의 뜻을 구하며 엎드리셨다. 그렇게 예수님은 자신의 유익을 위해서가 아니라 인류를 위한 구원의 길을 열기 위해 십자가를 지셨다.

둘째, 예수님의 십자가 길은 하나님이 계획하신 길이었다. 예수님의 십자가는 우연히 발생한 사건이 아니다. 그 길은 하나님이 계획하신 구원의 섭리였다. 죄가 없는 하나님의 아들이, 완전한 사람의 몸을 입고 이 땅에 와 십자가에서 온 인류의 죄를 도말하는 길, 그것이 바로 하나님이 친히 마련하신 유일한 구원의 길이었다.

인간은 결코 스스로를 구원할 수 없다. 그러므로 하나님은 자신의 아들이 십자가를 짊어져야만 하는 길을 작정하셨고, 예수님은 그 뜻 앞에서 그 길을 거절할 수도, 회피할 수도 없었다. 십자가는 하나님 나라로 가는 유일한 문이기에 예수님은 그 뜻에 철저히 순종하신 것이다. 십자가는 단순한 고난의 표상이 아니라 하나님의 뜻 그 자체.

깨어 기도해야만 감당할 수 있는 거룩한 부담

예수님이 겟세마네 동산에서 드린 기도는 죽음을 바로 눈앞에 둔 이의 몸부림치는 탄식이자 결단이었다. 거룩한 부담이란, 사명자에게 맡겨진 것이며 하나님의 뜻을 실현하기 위해 짊어져야 할 고통과 희생의 무게다. 예수님은 그 부담을 피하지 않으셨다. 오히려 땀이 핏방울처럼 떨어질 정도의 기도를 통해 그 부담을 기꺼이 짊어지셨다(눅 22:44).

예수님은 감람산으로 가실 때 베드로, 야고보, 요한을 데리고 기도하러 가셨다. 그리고 그들에게 말씀하시기를, "내 마음이 매우 고민하여 죽게 되었으니 너희는 여기 머물러 나와 함께 깨어 있으라"(마 26:38)라고 하셨다. 이것은 거룩하지만 엄청난 부담감으로 다가오는 고통을 이겨 내기 위해 제자들에게 강력하게 기도 요청을 하신 것이다. 그러나 제자들은 잠들어 있었고 예수님은 "한 시간도 이렇게 깨어 있을 수 없더냐"(마 26:40)며 탄식하셨다. 그러면서 제자들을 향해 "시험에 들지 않게 깨어 기도하라"(마 26:41)라고 말씀하셨다.

"깨어 기도하라"에 해당하는 헬라어에는 '지속적이고 끊임없이 깨어 있어야 한다'는 의미가 있다. 따라서 이 말씀에는 끝까지 깨어 기도함으로 유혹과 악의 시험을 이겨 내라는 철저한 영적 요청이 따른다.

예수님은 십자가 형벌 직전에 육체적 고통뿐 아니라 온 세상의 죄를 짊어지고 하나님으로부터 단절되는 영적 고통까지 감당하셔야 했다. 그 고통 앞에서 예수님은 제자들에게 깨어 기도할 것을 말씀하신 것이다.

하지만 당시 제자들은 미성숙했다. 예수님이 체포당하실 때 그들은 뿔뿔이 흩어져 도망가고 말았다. 그렇게 되리란 걸 다 아시면서도 주님은 그런 연약한 이들과 마음속 감정을 나누셨다.

교회에서도 우리는 누구에게도 아픔을 말하지 못한 채, 고통을 감추고 살아가는 경우가 많다. 여유 없이 생존만을 위해 살아왔기에 타인에게도 하나님께도 제대로 자신의 속마음을 털어놓지 못하는 것이다. 그러나 예수님이 미성숙한 제자들과 자신의 마음을 나누셨던 것처럼, 우리도 감정과 고통을 나눌 수 있어야 한다. 거룩한 부담을 감당하기 위해서는 영적 지체들과 함께 기도하며 깨어 있어야 한다.

우리는 하나님의 뜻을 바꾸기 위해 기도하는 것이 아니다. 다만 그 뜻을 받아들이고 감당할 수 있도록 우리 마음과 믿음을 변화시키기 위해 기도해야 한다. 하나님의 뜻은 완전하며 변하지 않는다. 예수님이 겟세마네 동산에서 그토록 간절히 기도하신 것도 고통을 피하려던 것이 아니다. 그 고통을 넘어 하나님의 뜻을 받아들이기 위한 내면의 싸움이었다. 예수님이 처절한 기도 끝에 "그러나 나의 원대로 마시옵고 아버지의 원대로 하옵소서"(마 26:39)라고 고백하신다. 이것은 곧 하나님의 뜻 앞에서 완전히 자신을 낮추고 순종하신 것을 의미한다.

신앙 공동체는 나이가 들수록 변질이 아닌 갱신을 선택해야 한다. 영적 갱신이 멈출 때, 교회는 형식만 남고 생명력을 잃게 된다. 예수님이 창자가 끊어질 듯한 고통 속에서 몸부림치며 기도하신 것처럼, 하나님의 뜻이 우리의 신앙 공동체 안에서 온전히 수용되고 순종으로 이어지도록 기도해야 한다. 그럴 때 변질 대신 거룩한 영적 갱신이 이뤄질 것이다.

예수님의 십자가를 함께 지라

하나님이 여시는 문은 누구도 닫을 수 없고, 하나님이 닫으시면 그 누구도 열 수 없다(사 22:22). 생사화복은 오직 만복의 근원이신 하나님께 달려 있다. 예수님의 십자가는 하나님이 여신 구원의 문이며, 그 문은 타자를 위한 희생을 통해 하나님께서 여신 길이다.

… 누구든지 나를 따라오려거든 자기를 부인하고 자기 십자가를 지고 나를 따를 것이니라 마 16:24

여기서 '자기를 부인한다'는 것은 단지 개인적인 포기를 의미하지 않는다. 그것은 바로 자신의 유익, 감정, 이해관계까지도 내려놓고 오직 예수님만을 따르겠다는 것이다. 예수님을 따르려면 우리는 먼저 예수님이 지신 십자가가 어떤 것이었는지 알아야 한다.

첫째, 예수님의 십자가는 타자 중심적 십자가였다. 자기 중심의 희생이 아닌, 철저히 타자를 위한 희생이었다. 이것이 바로 타자 중심적 십자가다. 죄로 인해 하나님과의 관계가 막혀 있던 우리에게 예수님의 십자가를 통해 관계 회복의 기회를 열어 주신 사건이었다.

우리는 개인주의가 만연한 시대를 살아가고 있다. 나만 생각하고, 내 가족만 돌보는 것이 일상이 되었다. 그러나 과거에는 공동체적 정서가 일반적이었다. 이웃 간에 떡이나 음식도 나누어 먹었고, 추수한 뒤에는 가난한 이들을 위해 이삭을 남겨두는 전통이 있었다.

한국 교회 또한 어려운 이웃과 나라를 품으며 전 세계에서 가장 많은 선교사를 파송하는 선교 대국이 되었다. 그러나 개인주의가 팽배해진 오늘날, 교회마저도 선교와 구제의 예산을 줄이는 흐름 속에 놓여 있다. 이는 살아나는 길이 아니라, 함께 몰락하는 길이다.

오늘날, 세계 강대국들도 자국민 중심의 정치만을 추구하며 이민자와 낙오된 자들을 내쫓고 있다. 그러나 성경 어디에도 '이웃을 배제하라'라는 말씀은 없다. 오히려 성경은 타자를 향한 긍휼과 환대, 희생과 나눔의 삶을 말씀하고 있다.

예수님의 십자가는 타자 중심의 희생이었다. 그렇기에 예수님을 따르는 오늘날의 우리 또한 교회와 가정, 일터와 세상 속에서 다른 이를 위한 십자가를 지는 삶을 살아야 한다. 교회를 위해 희생하는 것, 나라와 민족을 위해 헌신하는 것, 어려운 이웃을 위한 자발적 부담을 감당하는 것, 이 모든 것이 십자가라는 거룩한 부담을 짊어지는 삶이다.

둘째, 예수님의 십자가는 하나님 중심적 십자가였다. 예수님은 능히 자신의 권능으로 예루살렘에 입성하여 왕이 되실 수 있었지만 하나님의 뜻을 향한 철저한 순종으로 하나님이 기뻐하시는 뜻을 이루어 드리고 영광의 면류관을 쓰셨다.

> 그런즉 너희가 먹든지 마시든지 무엇을 하든지 다 하나님의 영광을 위하여 하라 고전 10:31

예수님의 삶 전체는 말씀을 삶으로 살아 내신 본보기였다. 하나님의 영광을 위하여 고난을 견뎌 내신 삶, 그것이 십자가의 길이었고, 바로 그 길이 참된 형통으로 가는 길이었다. 바울도 이를 알았기에 "이로써 그리스도를 섬기는 자는 하나님을 기쁘시게 하며 사람에게도 칭찬을 받느니라"(롬 14:18)라고 고백했다.

오늘날 가정이 형통하기 위해서도 누군가는 기꺼이 희생해야 한다. 교회가 형통하기 위해서도 누군가는 반드시 하나님의 뜻에 철저히 순종함으로써 십자가를 짊어져야 한다. 사람이 많다고 교회가 강해지는 것이 아니다. 교회의 생명력은 묵묵히 십자가를 지고 그리스도의 몸 된 공동체를 위해 헌신하는 자들을 통해 유지되는 것이다.

셋째, 예수님의 십자가는 진정한 자기 존중적 십자가였다. 예수님의 십자가에서의 순종과 희생은 곧 자기 존중의 극치이자, 하나님의 영광을 나타낸 길이었다. 그리하여 예수님은 결국 영원히 높임을 받는 영광의 자리에 앉으셨다(빌 2:9-11). 십자가는 손해의 길이 아니다. 십자가는 하나님의 때에, 하나님의 방식으로 우리를 높이시는 존귀한 길이다. 예수님은 우리에게 그 길을 친히 보여 주셨다.

오늘날 많은 사람이 교회를 비판한다. 우리가 진정한 섬김과 희생의 삶을 살아야 세상 속에서 다시금 교회를 향한 신뢰가 회복될 수 있다. 우리에게 주어진 시간과 자유, 물질과 능력은 자기 자신을 위해서가 아니라 타자를 위하여 선용되어야 할 십자가의 기회다. 그 길의 끝에 형통함이 주어짐을 기억하길 축복한다. 십자가를 묵상만 하는 것이 아니라 각자의 삶에서 자기를 부인하고 자기 십자가를 지고 따를 때, 세상이 알지 못하는 부활의 기쁨을 경험하게 될 것이다.

Chapter 16

형통은 전쟁이다

성경은 다윗의 삶에 대해 "다윗이 어디로 가든지 여호와께서 이기게 하시니라"(삼하 8:6)라고 선언한다. 이 말씀이 특별하게 다가오는 것은, 성경 어디를 보아도 다윗의 삶이 평탄한 여정으로 묘사되고 있지 않다는 점 때문이다. 오히려 다윗의 삶은 주로 크고 작은 갈등과 위기, 전쟁과 고난으로 점철된 삶이었다. 그런데도 신기한 점은 다윗의 삶이 늘 '이기는 삶'이었다는 것이다.

형통함은 평탄한 삶인가

우리가 먼저 인식해야 할 진리는 형통이 단순히 평탄한 삶을 의미하지 않는다는 사실이다. 오히려 형통을 '승리하는 삶'으로 표현하는 것이 그 본질적 의미에 더 가깝다.

승리하는 삶을 살았던 다윗은 이새의 여덟 번째 아들로 태어났다. 그런데 그의 내면에 잠재된 가능성을 발견한 사람은 아무도 없었다. 심지어 그의 부모나 형제들조차도 다윗 안에 숨겨진 하나님의 섭리를 알아보지 못했다. 그럼에도 하나님은 다윗의 인생 여정을 오래전부터 계획하고 인도하셨다. 그가 들판에서 외롭게 양을 돌보던 순간에도, 하나님은 이미 그를 이스라엘의 왕으로 세우실 원대한 계획을 품고 계셨다.

다윗이 왕위에 오르기 전, 이스라엘은 주변 강대국의 속국으로 전락해 있었다. 민족의 기세는 꺾였고, 생존을 위해 이방 나라에 조공을 바쳐야 할 정도로 열세에 놓여 있었다. 그러나 다윗이 왕이 되자 하나님의 섭리 안에서 극적인 전환이 일어났다. 그는 하나님의 강력한 손에 붙들려 국가를 회복시켰고, 민족을 일으켜 세웠다. 이처럼 하나님은 다윗의 삶에 평탄함이 아닌 승리를 주셨다.

형통은 고통 없는 안락함만을 의미하지 않는다. 다윗의 삶은 한마디로 전쟁의 연속이었다. 그는 부모에게 홀대받았고, 형제들에게 인정받지 못했으며, 십여 년간 사울 왕의 맹렬한 추격을 피해 광야를 전전해야 했다. 다윗은 목동으로서 양을 돌볼 때도 수시로 전쟁과 같은 위기 상황을 마주해야만 했다. 하지만 그는 맹수가 양 떼를 덮칠 때도 도망치는 길을 선택하지 않았다. 오히려 하나님을 의지하여 사자와 곰과 대적하여 싸웠다. 하나님은 그러한 다윗의 용기와 믿음을 기뻐하셨다.

우리 인생도 어쩌면 이와 다르지 않을 것이다. 때로는 다윗처럼 깊은 고립감을 느끼기도 하며, 마치 쫓기듯 바쁘게 살기도 하고, 불리한 상황과 외로움 속에 방황하기도 한다. 성경은 이러한 우리의 삶을 '전쟁'으로 묘사하며, 인생을 '가시덤불과 엉겅퀴의 삶'으로 규정하고 있다(창 3:18). 이는 단순히 일상의 어려움이나 시련만을 의미하지 않는다. 인간의 존재 자체가 끊임없는 갈등과 투쟁 속에 놓여 있다는 더 본질적인 진리를 담고 있다.

성경은 인간이 죄로 인해 타락한 이후, 땅이 가시덤불과 엉겅퀴를 내게 되었고, 인간이 그 가운데서 수고하고 애쓰며 먹을 것을 얻어야 하는 삶을 살게 되었음을 보여 준다. 아담과 하와의 범죄 이후 하나님은 인간의 삶의 터전인 땅에 저주를 내리셨고, 이로 인해 인간은 단순한 노동의 고단함을 넘어 영적인 긴장과 갈등, 도전과 투쟁으로 이어지는, 전장과도 같은 현실을 마주하게 되었다.

하지만 성경은 전쟁터 같은 현실 속에 놓여 있는 인간에게 하나님이 분명한 사명을 부여하셨음을 보여 준다.

> 하나님이 그들에게 복을 주시며 하나님이 그들에게 이르시되
> 생육하고 번성하여 땅에 충만하라, 땅을 정복하라, 바다의 물
> 고기와 하늘의 새와 땅에 움직이는 모든 생물을 다스리라 하
> 시니라 창 1:28

이 구절은 우리가 세상을 어떻게 바라보고 살아가야 하는 지에 대한 근본적인 방향성을 제시한다. '충만하라' '정복하라' '다스리라'라는 말씀은 '3대 문화 명령'으로, 하나님은 이 말씀을 인간에게 사명으로 주시면서 "내가 너희와 함께하리라"라는 약속을 전제로 명령하셨다.

이 사명은 인간이 홀로 감당하는 것이 아니다. 하나님과의 친밀한 동행 속에서만 감당할 수 있다. 삶이 가시덤불과 엉겅퀴로 가득하더라도 하나님은 여전히 우리를 불러 동행하신다. 전쟁 같은 인생 속에서도 '형통'의 길로 인도하시는 신실한 계획을 가지고 계신다.

하나님이 계획하시는 인생의 전쟁들

하나님의 계획 안에 있는 인생의 전쟁들은 다음과 같다.

첫째, 가나안 땅의 현실과 같은 전쟁이다. 하나님은 여호수아를 통해 이스라엘 백성이 요단강을 건너게 하시고, 약속의 땅 가나안으로 인도하셨다. 그러나 그 땅은 가만히 앉아 기다린다고 주어지는 게 아니었다. 하나님의 약속이 선포되었지만, 동시에 그들이 직접 싸워 정복해야 할 현실도 존재했다.

타락한 세상에서의 삶은 가시와 엉겅퀴에 찔리는 고난의 여정일 수 있다. 하지만 하나님은 우리가 그 자리에 주저앉아 있기를 바라지 않으신다. 하나님은 우리에게 "내가 너희와 함께 하리니 나아가 싸우라"라고 말씀하신다. 형통한 삶, 승리의 삶은 수동적으로 안주하는 삶이 아니라, 오히려 능동적 순종과 담대한 싸움을 통해 이루어진다. 하나님을 온전히 의지하고 나아갈 때 우리는 하나님이 처음 인간에게 부여하셨던 사명, 곧 '충만하고 정복하고 다스리는 삶'을 다시 회복할 수 있다.

둘째, 십자가를 통한 사망과 죄의 권세와의 전쟁이다. 인간은 죄와 죽음, 그리고 그에 따르는 지옥과 영원한 심판의 문제를 스스로 해결할 수 없다. 이것은 인간에게 따르는 본질적, 근원적 문제다. 그런데 이 절망적인 상황 가운데 하나님은 독생자 예수 그리스도를 이 땅에 보내 십자가에서 죽게 하심으로 이 문제를 근원적으로 해결하셨다.

마귀는 죄를 통해 인간을 얽어매고 노예로 삼으려 하지만 예수 그리스도의 이름 앞에서 그 권세가 완전히 무력화된다. 그러므로 어둠의 영이 우리를 미혹하려 할 때 우리는 예수 이름으로 담대히 대적할 수 있다.

셋째, 악의 영들을 상대하는 영적 전쟁이다. 에베소서 6장 12절의 "우리의 씨름은 혈과 육을 상대하는 것이 아니요 통치자들과 권세들과 이 어둠의 세상 주관자들과 하늘에 있는 악의 영들을 상대함이라"라는 말씀은 우리가 싸워야 할 진정한 대상이 단순히 사람이나 사회의 구조적 문제를 넘어서 그 배후에 있는 영적인 세력들임을 명확히 일깨운다.

교회를 무너뜨리고, 성도를 실족시키며, 복음을 가로막는 악한 세력들이 지금도 끊임없이 역사하고 있다. 그러므로 믿는 자는 무엇보다 성령 안에서 항상 깨어 기도하는 것이 가장 중요하다(엡 6:18).

믿음으로 무장된 성도는 믿음을 굳건히 하고, 깨어 기도하며 하나님의 말씀으로 악한 세력을 담대히 대적해야 한다(벧전 5:8-9). 그렇게 하는 자가 영적 전쟁에서 승리한다.

전쟁은 하나님께 속한 것

블레셋과의 전쟁에서 소년 다윗은 골리앗을 향해 담대히 달려가며 이렇게 외쳤다. "여호와의 구원하심이 칼과 창에 있지 아니함을 이 무리에게 알게 하리라"(삼상 17:47). 전쟁은 단순히 물리적 군사력이나 전략·전술로만 싸우는 것이 아니다. 전쟁은 근본적으로 하나님께 속한 것이다(대하 20:14-15). 다윗은 이 깊은 진리를 청소년기에 이미 확신하며, 적군 앞에서 믿음으로 담대히 선포했다.

히스기야 왕의 통치 시대에도 하나님은 천사를 보내 하룻밤 사이에 이스라엘을 위협하던 앗수르 군대 18만 5,000명의 생명을 거두어 가셨다. 결국 전쟁의 승패는 인간의 제한된 능력에 달린 것이 아니라 오직 전능하신 하나님의 주권적인 손에 달렸음을 성경은 증명하고 있다.

성경은 미래에 대한 끊임없는 불확실성, 실패에 대한 두려움이 우리를 불안하게 하고 위축시키더라도 '모든 것이 하나님의 손에 있다'는 흔들림 없는 신앙으로 담대하게 나아가도록 도전한다. 믿음의 사람 앞에 놓인 전쟁은 이미 승리가 약속된 싸움이기 때문이다.

물론 약속된 승리이지만, 하나님의 응답은 끝까지 인내하며 기다리는 자에게 주어진다. 엘리야는 일곱 번 간절히 기도한 후에야 비로소 손바닥만 한 구름을 볼 수 있었다. 때로는 전쟁에서 패배하는 것처럼 보일지라도, 그것은 단순한 패배가 아니라 최종적 승리로 가는 필연적 과정일 수 있으며, 하나님의 자녀는 결국 최후의 승리를 향해 나아가는 것이다. 이 확고한 믿음을 가슴에 품어야 한다.

믿음 안에서 반드시 승리하리라

다윗이 가는 곳마다 승리를 거둘 수 있었던 비결은 전략적 우월성이나 군사적 강대함이 아니었다. 다윗은 전쟁 앞에서 두려움에 떨지 않았으며, 실패의 그림자에 얽매이지 않았다. 그는 실패 이후에도 새로운 도전을 향해 끊임없이 나아갔고, 그 모든 여정 속에 하나님이 함께하셨다. 결국 다윗의 승리는 하나님이 그와 동행하셨기에 가능했던 것이다. 다윗은 하나님 앞에 순종과 경외함으로 모든 발걸음을 내디뎠다.

다윗은 이스라엘의 왕이라는 지위에 있었지만 하나님 앞에서는 어떠한 체면이나 위엄도 내세우지 않았다. 그는 온 마음을 다해 하나님 앞에서 기쁨으로 춤추며 찬양하는 사람이었다. 그의 예배는 형식적인 의식을 넘어 하나님을 향한 진실하고 뜨거운 사랑의 표현이었다. 바지가 흘러내릴 정도로 온 힘을 다해 뛰며 찬양했던 그의 모습(삼하 6:14-20)이 그것을 증명한다.

그뿐만 아니라 다윗은 하나님의 말씀을 깊이 묵상하며 생명의 길을 발견하였고(시 19:10-11), 하나님과의 친밀한 교제를 매우 소중히 여겼다. 다윗은 무엇보다도 아침에 기도하는 사람이었다. "여호와여 아침에 주께서 나의 소리를 들으시리니 아침에 내가 주께 기도하고 바라리이다"(시 5:3)라는 고백 외에도 그가 새벽을 깨워 하나님께 간구했던 흔적들이 성경에 분명히 나타난다(시 49:14; 88:13; 90:14; 143:8). 이러한 것들이 다윗의 삶을 형통케 한 근원이다.

인생에서 가장 중요한 영적 진리는 '심은 대로 거둔다'는 것이다. 다윗은 어린 시절부터 자신에게 맡겨진 양 떼를 사자 같은 맹수로부터 지키기 위해 생명을 걸고 싸워야 했다. 그때마다 하나님이 함께하시고 도와주셔서 다윗은 승리할 수 있었다. 또한, 다윗은 아버지의 심부름으로 형들의 안부를 살피러 전쟁터에 나갔다가 그곳에서 거인 골리앗과 마주하게 된다. 그러나 다윗은 두려움에 떨지 않고 하나님의 이름을 의지하여 담대히 나아갔고, 결국 이스라엘에 놀라운 승리를 가져다주는 역사적 사건의 주인공이 되었다.

이렇게 다윗의 삶을 통해 알 수 있듯, 참된 형통의 삶은 결코 안락함 속에서 주어지지 않는다. 진정한 형통은 전쟁과도 같은 삶의 여정을 지나 승리를 쟁취한 후에야 비로소 주어지는 것이다. 그리고 그 승리의 완성은 궁극적으로 이 땅이 아닌 하나님 나라에서 이루어진다. 그렇기에 비록 이 땅에서 지금 치열한 싸움 속에 있을지라도 우리는 결코 낙심할 필요가 없다. 악의 영들과 대치하는 우리의 싸움은 믿음 안에서 마침내 반드시 승리할 것이기 때문이다.